HALLO!

Ehrensache: Wir vom **GEOlino-EXTRA-Team** finden, dass etliche Tiere einen Preis für ihre Intelligenz verliehen bekommen sollten – und fangen mit dem Kraken an

»Auf unserem Dach nisten Möwen, laute Vögel, die sich ständig etwas zukrächzen. Aber was bloß? Ich hätte gern **ein Computerprogramm, das mir solche Tiergespräche übersetzt.** Und wer weiß: Vielleicht wird es das in Zukunft geben! Ich habe jedenfalls mit einem Forscher gesprochen, der versucht, die Sprache der Pottwale zu entschlüsseln. Die Geschichte lest ihr ab Seite 38!«

Dela, Autorin

»Eines habe ich mir geschworen: Nie wieder werde ich mir im Restaurant gegrillten Oktopus, also Krake, bestellen – obwohl ich den mal ganz gern gegessen habe. Aber seitdem ich weiß, **wie schlau und geschickt die Meereswesen sind** und dass gewissermaßen in jedem Arm ein kleines Gehirn steckt, dreht sich mir bei dem Gedanken daran der Magen um. Mehr über Kraken lest ihr ab Seite 20.«

Katharina, Autorin

»Bisher dachte ich immer, dass ich ein gutes Gedächtnis habe. Aber seit ich über Affen geschrieben habe, weiß ich: Gegen Schimpansen ist das gar nichts! Mit einem Blick merken sie sich neun Zahlen! **Und auch sonst sind die Menschenaffen megaclever.** Warum? Das erfahrt ihr ab Seite 52.«

Stefan, Textredakteur

SCHREIBT UNS!
Wie gefällt euch die neue Ausgabe? Wir freuen uns über Lob, Kritik und Anregungen – per Mail an: briefe@geolino.de

Titel: Minden Pictures/picture alliance; Shutterstock; Editorial: Alamy; Shutterstock; Karl Pust; privat

INHALT

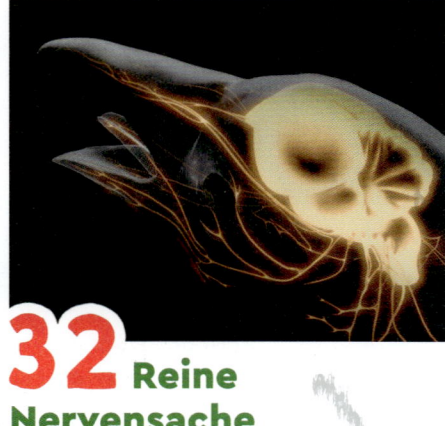

Mehr von GEOlino ...

... bekommt ihr in unserem Podcast auf die Ohren. Der erscheint jeder Mittwoch auf geolino.de/podcast und überall dort, wo es Podcasts gibt.

... findet ihr auch im Netz:

Ziemlich smart

Sie bauen Werkzeuge, jagen im Team und verständigen sich untereinander in einer eigenen Sprache: Es ist erstaunlich, zu welchen **Leistungen** manche Tiere imstande sind! Lest, wer zu den Schlaumeiern im Tierreich gehört und woran wir Menschen das festmachen

— Text: Nadine Uhe

Geschickt

Aufgeben ist keine Option

Pipin liebt Cashewkerne! Doch weder mit seinem Schnabel noch mit den Krallen erreicht der **Goffin-Kakadu** sein Lieblingsleckerli, das in einer Kiste aus Holz und Plastik steckt. Zusammen mit einem guten Dutzend weiterer Artgenossen nimmt Pipin an einem **Experiment** teil. Die Verhaltensbiologin Alice Auersperg von der Veterinärmedizinischen Universität Wien möchte herausfinden, wie schlau die Vögel tatsächlich sind. Bisher hat sich etwa gezeigt, dass Kakadus Werkzeuge bauen können und sie für spätere Einsätze aufbewahren, sie öffnen komplizierte Schlösser und schauen sich von Artgenossen Tricks ab. Nach wenigen Minuten hat auch Pipin die Kopfnuss geknackt: Er schubst den Kern mithilfe eines Stöckchens vom Sockel, sodass er durch einen Schlitz unten aus der Kiste kullert.

Foto: imago

Gesprächig

Kommunikation ist alles

Es ist nicht immer leicht, der Anführer einer Affenschar zu sein. Im dichten Regenwald des Virunga-Nationalparks in Afrika verliert man schnell mal ein Familienmitglied aus den Augen. Die knapp 1000 letzten **Berggorillas** der Welt leben in zwei Reservaten in den Grenzgebieten von Ruanda, Uganda und der Demokratischen Republik Kongo in Gruppen von bis zu 65 Tieren zusammen. Das Sagen hat immer das stärkste Männchen, der sogenannte Silberrücken. Aber auch die anderen Familienmitglieder nutzen Laute, Gesten und Gesichtsausdrücke – eine Art **Sprache** –, um sich zu verständigen: Sie warnen sich vor Gefahren, zeigen sich die besten Futterplätze oder rufen um Hilfe. Ziemlich schlau, oder?

Gewieft

Meister der Jagd

Wenn sie Hunger haben, ist fast keiner vor ihnen sicher: **Orcas** schubsen Robben von Eisschollen, schlagen Haie bewusstlos oder legen Köder aus, um Möwen anzulocken. Riesige Heringsschwärme (wie hier im Bild) treiben sie an der Wasseroberfläche zusammen und schnappen dann zu. Große Schwertwale, wie die Orcas wegen ihrer mächtigen Rückenflosse auch genannt werden, sind die wohl raffiniertesten **Räuber** der Ozeane – mit ausgetüftelten Jagdtechniken und perfektem Teamwork. Und noch etwas ist ganz schön clever: Ihre Tricks geben die Meeressäuger in sogenannten Schulen an den Nachwuchs weiter.

Voller Einsatz

Als im September 2017 ein Erdbeben Mexiko-Stadt erschüttert, ist Frida zur Stelle. Ausgerüstet mit Schutzbrille und Füßlingen klettert der **Labrador-Retriever-Mischling** über eingestürzte Häuser und Trümmerhaufen. Frida sucht nach verschütteten Menschen. Genau darauf wurde die Hündin während ihrer **Ausbildung** trainiert. Frida musste lernen, zwischen Befehlen zu unterscheiden, sich diese einzuprägen und vor allem, sie auch zu befolgen. Schwer ist ihr das nicht gefallen: Wie alle Labrador-Retriever ist sie intelligent und liebt es zu lernen.

START-BLOCK

Die wichtigsten Fakten vorweg

INTELLIGENZ IM TIERREICH

—— Text: Annika Sartor

ÜBERBLICK

Was bedeutet Intelligenz?

Manche können sprechen oder zählen, andere tricksen und täuschen, sie erkennen sich im Spiegel, erinnern sich an Vergangenes und planen die Zukunft. Immer wieder stellen Wissenschaftlerinnen und Wissenschaftler fest: Viele Tiere sind schlauer, als man lange Zeit glaubte – sie zeigen Intelligenz. Das Wort leitet sich vom lateinischen Verb *intellegere* ab, das übersetzt so viel heißt wie „einsehen", „verstehen" oder „erkennen". Damit ein Wesen intelligentes Verhalten zeigen kann, muss es seine Umwelt wahrnehmen und Informationen verarbeiten können. Außerdem stellt es seinen Verstand unter Beweis, wenn es Zusammenhänge erkennt, Schlussfolgerungen zieht, aus Erfahrungen lernt, neue Ideen entwickelt und Probleme löst – etwa an verstecktes Futter gelangt, Hindernisse überwindet oder Feinde ablenkt.

Intelligenz oder Instinkt?

Noch bis in die 1960er-Jahre glaubte man: Tiere werden ausschließlich von ihren Instinkten geleitet. So nennt man angeborenes Verhalten, das nicht bewusst gesteuert wird. Beispiele für instinktive Handlungen sind die Flucht vor Feinden, der Nestbau bei Vögeln oder die Wanderungen von Fischen zu ihren Laichplätzen. Das alles geschieht ganz automatisch, ohne nachzudenken. Heute sind sich Forschende einig, dass viele Tiere intelligent sind. Oft ist es aber kompliziert, Instinkte und schlaues Verhalten voneinander zu unterscheiden. Um zu erkennen, ob eine Handlung angeboren oder erlernt ist, muss man ganz genau hinschauen. Ein Beispiel: Ein britisches Forscherteam trennte junge Krähen von ihren Eltern. Der Nachwuchs hatte keine Gelegenheit, von ihnen zu lernen – benutzte aber genau wie andere Artgenossen Stöckchen als Werkzeuge, um an Futter zu gelangen. Dieses Verhalten muss also angeboren sein. Aber: Die Gruppe sah auch, wie sich die Krähen neue, ganz eigene Tricks überlegten. Solche Kreativität in unbekannten Situationen gilt als eindeutiges Zeichen von Intelligenz.

CLEVERE TIERE

Inzwischen ist vor allem die Intelligenz von Säugetieren und Vögeln gut erforscht, aber auch in anderen **Tiergruppen** haben sich Schlaumeier hervorgetan. Einige davon seht ihr hier

Eulen

Vögel

Papageien

Bienen

Insekten

Rabenvögel

Schildkröten

Ameisen

Primaten

Buntbarsche

Fische

Hunde

Säugetiere

Lippfische

Kopf-füßer

Reptilien

Wale

Kraken

Echsen

Formen von Intelligenz

Manche Menschen sind Mathegenies, aber völlig unmusikalisch, oder sie lernen schnell neue Sprachen, sind aber handwerklich ungeschickt. Ähnlich wie bei uns unterscheiden Forschende auch im Tierreich verschiedene »Talente«, also Formen von Intelligenz

Technische Intelligenz

Damit ist gemeint, dass Tiere „handwerkliche" Lösungen für Probleme finden. Ein typisches Beispiel: Sie basteln sich **Werkzeuge** aus Ästen, um Nahrung zu angeln oder nutzen Steine, um Nüsse aufzuknacken.

Ökologische Intelligenz

H er kommt es darauf an, wie Tiere Schwierigkeiten in ihrer **Umwelt** meistern. Wo sollen sie nisten oder sich verstecken? Wann sind bestimmte Früchte reif? Wie legen sie Vorräte für den Winter an? Manche Forschende glauben allerdings, dass nicht alle diese Handlungen bewusst geschehen, sondern angeboren sind. Die Tiere folgen demnach einem schlauen Programm, das ihnen dank der Evolution in der Genen steckt (lest dazu ab Seite 32).

Soziale Intelligenz

Soziale Intelligenz bezieht sich auf den Umgang mit Artgenossen. Sie besteht zum Beispiel darin, sich in der **Gruppe** oder Familie zu verständigen, sich zur Jagd zusammenzuschließen oder gemeinsam für den Nachwuchs zu sorgen. Um solche Ziele zu erreichen, müssen Tiere die Rangordnung innerhalb der Gruppe kennen, sich in andere hineinversetzen und zwischen Freund und Feind unterscheiden können (lest dazu auch ab Seite 58).

Emotionale Intelligenz

Dieser Begriff wurde im Jahr 1990 zum ersten Mal für Menschen benutzt. Inzwischen verwenden ihn Forschende aber auch immer öfter in Studien mit Tieren. Ein Wesen zeigt emotionale Intelligenz, wenn es eigene und fremde **Gefühle** wie Trauer oder Freude wahrnehmen, verstehen und beeinflussen kann. Sie ist eine Form der sozialen Intelligenz.

Illustrationen: Shutterstock

NERVEN & GEHIRN

Mit allen Sinnen

Forschende sind sich einig: Intelligenz ist nicht nur reine Kopfsache, sondern eine Leistung des ganzen Körpers. Und: Sie entsteht durch die Welt, die uns umgibt. Um schlaue Gedanken und Ideen zu entwickeln, müssen auch Tiere zunächst Informationen sammeln. Das tun sie mit ihren Sinnesorganen: Sie schnuppern und schmecken, betasten Dinge in ihrer Umgebung und hören Geräusche. So lernen sie etwa, dass Früchte süß schmecken, man sich an spitzen Steinen verletzen kann oder von gefleckten Raubkatzen eine Gefahr ausgeht. Dieses Wissen ist wiederum die Grundlage, um kluge Entscheidungen zu treffen. Alle Eindrücke, die ein Tier mit seinen Augen, Ohren, dem Geruchs-, Geschmacks- und Tastsinn sammelt, erreichen das Gehirn über winzige „Botschafter": die Nervenzellen.

So funktioniert eine Nervenzelle

Ständig in Kontakt

Nervenzellen – auch Neuronen genannt – übernehmen im Körper eine ganz bestimmte Aufgabe: Sie empfangen Nachrichten und leiten sie weiter. Zusammen bilden sie das Nervensystem und durchziehen als hauchdünne Datenleitungen den gesamten Körper, vom Kopf bis zum großen Zeh. Bei allen Tieren, auch beim Menschen, sind die Nervenzellen ähnlich aufgebaut. Sie besitzen einen **Zellkörper** 1 mit einem **Zellkern** 2. Mit ihren dünnen Ärmchen, den **Dendriten** 3, nehmen sie Reize von anderen Nerven- oder Sinneszellen auf, meist in Form von chemischen Botenstoffen. Diese Botschaften schicken sie wiederum als elektrische Impulse an Nachbarzellen weiter. Dies geschieht über das **Axon** 4, ein schlauchartiges Schwänzchen. Das Axon fächert sich auf und endet in **Synapsen** 5, Kontaktstellen mit den benachbarten Nervenzellen.

Eilmeldung ans Gehirn

Meldungen der Nervenzellen gelangen in Sekundenbruchteilen ins **Rückenmark** 6, den dicksten Nervenstrang im Körper, und von dort in die Schaltstelle: das **Gehirn** 7. Dieses ist ebenfalls nichts anderes als eine geballte Sammlung von Nervenzellen, die noch dazu besonders eng verknüpft sind. Ein Schimpanse zum Beispiel besitzt im ganzen Körper 28 Milliarden Nervenzellen, mehr als ein Viertel von ihnen stecken in der **Großhirnrinde**. Dieser Teil des Gehirns ist beim Nachdenken besonders aktiv und wird von Forschenden darum als Intelligenzzentrum bezeichnet. Das Gehirn wertet alle Informationen aus und sendet seinerseits Befehle an den Körper – etwa an Zellen, die die Muskeln steuern und dadurch Bewegungen auslösen.

Der Gehirn-Check

Intelligenz ist Sache des ganzen Körpers, aber das Gehirn spielt die Hauptrolle. Was genau zeichnet einen klugen Kopf aus? Wir machen den Check

⊖ Nicht entscheidend

Gehirngröße

Je größer und schwerer ein Gehirn, desto schlauer sein Besitzer – stimmt das? Innerhalb einer verwandten Tiergruppe ist das gar nicht falsch, etwa unter Primaten: Menschenaffen haben größere Hirne als Lemuren und sind wesentlich schlauer. Betrachtet man die Tierwelt insgesamt, bekommt man aber ein anderes Ergebnis: Pottwale tragen neun Kilogramm **Hirnmasse** mit sich herum, Elefanten über fünf Kilogramm – trotzdem gelten viele Affen und Vögel mit kleineren Hirnen als klüger.

Verhältnis von Hirn und Körper

Ist es also entscheidend, wie schwer das Hirn im Vergleich zum Körper ist? Unter den großen Säugetieren erreicht der Mensch tatsächlich den Spitzenwert. Mit rund 1,4 Kilogramm macht unser Gehirn 2,2 Prozent unseres Körpergewichts aus, eine **Spitzmaus** kommt sogar auf ganze zehn Prozent. Stimmte die Idee, müsste sie das klügste aller Tiere sein. Ist sie aber nicht. Bei Pottwalen hingegen beträgt der Anteil der Gehirnmasse am Körpergewicht gerade einmal 0,05 Prozent. Trotzdem sind sie sehr intelligent und haben sogar eine Art Sprache entwickelt.

Entscheidend ⊕

Anzahl der Nervenzellen

Entscheidend für die Intelligenz ist tatsächlich, wie viele Nervenzellen in der Großhirnrinde stecken. Bei Schimpansen wurden etwa 7,4 Milliarden Nervenzellen ermittelt, bei Pferden 1,2 Milliarden. Interessant: Während viele große Tiere verhältnismäßig wenige Hirnzellen und buchstäblich lange **Leitungen** haben, stecken in Vogel-Hirnen extrem viele Nervenzellen, die dicht beieinanderliegen und sehr eng verknüpft sind. Darum können die Tiere viele Informationen verarbeiten und sind besonders schlau.

Verbindung der Nervenzellen

Wie Nervenzellen im Gehirn verknüpft sind, beeinflusst ebenfalls die Intelligenz. Entscheidend ist etwa, wie viele Synapsen sie haben. Beim Menschen – dem schlauesten aller Tiere – kann eine einzige Hirnzelle mit bis zu 30 000 anderen verbunden sein und mit allen gleichzeitig Nachrichten austauschen. Damit die **Informationen** noch schneller durchrauschen können, sind die Axone mancher Nervenzellen mit einer fettreichen Schicht namens Myelin umwickelt. Bei Primaten ist diese besonders dick – und das Gehirn darum auf Zack.

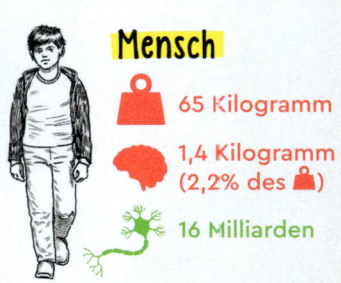

Mensch

🔴 65 Kilogramm

🧠 1,4 Kilogramm (2,2% des 🔴)

🟢 16 Milliarden

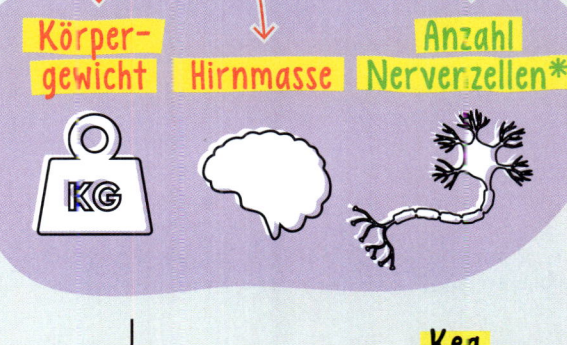

Körper-gewicht   Hirnmasse   Anzahl Nervenzellen*

Pferd

🔴 520 Kilogramm

🧠 0,7 Kilogramm (0,1% des 🔴)

🟢 1,2 Milliarden

Afrikanischer Elefant

🔴 6650 Kilogramm

🧠 5,7 Kilogramm (0,1% des 🔴)

🟢 5,6 Milliarden

Kea

🔴 700 Gramm

🧠 13,6 Gramm (1,9% des 🔴)

🟢 13 Milliarden

* in der Großhirnrinde

FORSCHUNG

Eine einheitliche Methode, um Intelligenz bei Tieren festzustellen, gibt es nicht. Forschende müssen sie dafür in freier Wildbahn beobachten oder sich im Labor Experimente ausdenken. Hier seht ihr, was sie dabei oft betrachten

Werkzeuggebrauch

Können Tiere Hilfsmittel einsetzen, um ihre Ziele zu erreichen? Sind sie sogar in der Lage, mehrere Werkzeuge miteinander zu kombinieren oder sich neue auszudenken? Die Liste tierisch cleverer „Handwerker" ist lang: Affen angeln mit **Stöckchen** Futter, Seeotter knacken mithilfe von Steinen Muscheln auf, Elefanten vertreiben mit Zweigen lästige Fliegen, Delfine pflücken sich Schwämme, die sie sich als Schnauzenschutz überstülpen, wenn sie den Meeresgrund nach Futter durchwühlen.

Zählen und Sprache

Verschiedene Tests zeigen, dass viele Tierarten eine Vorstellung von Mengen haben oder sogar Zahlen verstehen. In Versuchen wählten Frösche zum Beispiel Futterhaufen mit mehr Larven. Bären und Wölfe können am **Bildschirm** Mengen von Punkten unterscheiden. Und wie steht es um die Sprache – einen der wichtigsten Faktoren für Intelligenz? Viele Arten können Worte und kurze Sätze verstehen. Manche Affen, Papageien und Buntspechte sind sogar in der Lage, einzelne Wörter zu äußern oder Zeichensprache zu verwenden.

Selbstwahrnehmung

Besonders bekannt ist der sogenannte Spiegeltest. Dabei werden Tiere etwa mit einem roten Punkt auf der Stirn markiert. Erkennen sie ihr eigenes **Spiegelbild**, berühren sie das Merkmal oder versuchen es zu entfernen. Menschenaffen, Delfine, Asiatische Elefanten und mehrere Vögel, darunter Elstern und Keas, bestehen den Test. Er gilt als mögliches Zeichen von „Selbstbewusstsein" und Intelligenz.

Planung und Gedächtnis

Solche Tests untersuchen, ob ein Tier sich an Vergangenes erinnert, etwa einen Weg in einem **Irrgarten**. Oder ob es für die Zukunft planen kann. Kiefernhäher, eine Art aus der Familie der Rabenvögel, sind in dieser Disziplin Meister: Sie sammeln im Herbst mehr als 30 000 Kiefernsamen und verteilen sie auf Tausende winzige Vorratslager – die sie im Winter wiederfinden.

Perspektivwechsel

Kann ein Tier den **Blickwinkel** eines anderen übernehmen und dessen Gefühle, Absichten und Wissen erkennen? In Experimenten haben Schimpansen bewiesen, dass sie sich in Menschen hineinversetzen können – etwa wenn diese versuchten, an eine Banane zu gelangen. Auch Hunde und Raben sind zu solchen Leistungen in der Lage.

PROBLEME

Wissenschaftlerinnen und Wissenschaftler haben zwar verschiedene Möglichkeiten gefunden, um die Intelligenz von Tieren festzustellen, doch ihre Tests und Methoden haben Grenzen. Hier seht ihr die häufigsten Kritikpunkte

Vergleichbarkeit

Es gibt Hunderttausende Tierarten mit eigenem Körperbau und unterschiedlichen Sinnesleistungen. Zum Beispiel können sich Hunde und Affen durch ihre Mimik oder Gestik viel besser mitteilen als Fische. Ihre Intelligenz lässt sich dadurch leichter feststellen. Aber sind sie deshalb auch schlauer? Dazu kommt: Viele Tierarten sind einfach noch nicht erforscht worden.

Ungeeignete Tests

Aufgrund ihrer unterschiedlichen Talente kann man verschiedene Tierarten unmöglich mit den gleichen Tests untersuchen. So wurde zum Beispiel der Spiegeltest oft kritisiert. Weder Schweine noch Hunde, die eigentlich intelligent sind, bestehen ihn. Der Grund: Sie können schlicht nicht so gut sehen und nehmen ihre Umwelt hauptsächlich durch den Geruchssinn wahr.

Vermenschlichung

Wir neigen dazu, in Tieren menschliche Fähigkeiten zu sehen, obwohl es andere Erklärungen für ihr Verhalten gibt. Ein Beispiel ist der „Kluge Hans": ein Pferd, das angeblich Rechenaufgaben lösen konnte. Das Ergebnis verkündete der Hengst mit Hufschlägen und faszinierte Anfang des 20. Jahrhunderts das Publikum. Später fiel auf: Hans reagierte bloß auf die unbewusste Körpersprache der Umstehenden, die ihm die Lösung verriet.

Gegenbeweise

Obwohl viele Tiere mit ihrer Cleverness verblüffen: Es gibt auch Studien, in denen etwa Schimpansen oder Hunde an einfachen Aufgaben scheitern. Andere Untersuchungen entlarven scheinbar schlaue Verhaltensweisen als Instinkthandlungen. Ameisen tragen zum Beispiel tote Artgenossen aus ihrem Bau – eine kluge Lösung, um ihr Zuhause sauber zu halten. Aber: Beträufelt man lebendige Ameisen mit einer Säure, die sonst tote Tiere kennzeichnet, werden auch sie nach draußen geschleppt. Die Tiere handeln also nicht überlegt, sondern spulen eine genetisch festgelegte Reaktion ab.

KLUGE KRAKEN

Es gibt wohl kaum eine Tiergruppe, die wir
Menschen mehr unterschätzen als sie: Kraken.
Dabei haben die **Wabbelwesen** mehr Grips als so
manches Säugetier! Die Naturforscherin
Sy Montgomery hat sich auf ihre Spuren gemacht
und räumt mit vielen Vorurteilen auf

— Text: Katharina von Ruschkowski

Baumeister: Dieser Krake versucht, sich aus einer Kokosnuss-Hälfte und einem Plastikdeckel ein **Versteck** zu bauen. Für Forschende ist solcher Werkzeuggebrauch ein Zeichen von Intelligenz

Unsere Expertin
Sy Montgomery

A n einem Märztag vor elf Jahren begegnet die Psychologin und Autorin Sy Montgomery einem Alien, einem Wesen wie aus einer anderen Welt. Für dieses Treffen fliegt sie allerdings nicht ins All. Sy, damals 53 Jahre alt, steigt nur ein paar Stufen hinab, ins schummrige Untergeschoss des New England Aquarium in der US-amerikanischen Stadt Boston. Sie erinnert sich:

„Scott, der Tierpfleger, führte mich zu einem Tank, der einem gewaltigen Gurkenglas glich. Er hatte dessen Tür noch nicht ganz geöffnet, da schoss sie herbei: Athena, ein weiblicher Pazifischer Riesenkrake. Was für ein Tier! 20 Kilogramm schlabbrige Masse, ein

Papageienschnabel, acht Arme, die aus dem Kopf wuchsen. Nie war mir ein Wesen so fremd gewesen – und doch so vertraut. Denn als ich einen meiner Unterarme in den Tank tauchte, streckte sie mir plötzlich zwei ihrer acht Tentakel entgegen und umfasste meine Hand und meinen Unterarm wie ein Mensch zur Begrüßung. Kurz darauf hob sie mit Schwung ihren Kopf aus dem Wasser und blickte mich an – abgeklärt und allwissend."

Sy erzählt Bekannten von ihrem Treffen, einige schauen sie verständnislos an. Abgeklärt? Allwissend? Ein Krake? Pure Einbildung! Tatsächlich hatte die Wissenschaft sehr lange Zeit behauptet, dass allein wir Menschen Gefühle haben und Gedanken fassen kön-

nen. Erst Mitte des vergangenen Jahrhunderts gestand sie Säugetieren wie Affen oder Walen, später auch Vögeln wie Raben Grips zu. Wirbellose Tiere, etwa Quallen oder Kraken, hielt sie dagegen weiterhin für dumm. Solche „niederen Wesen" funktionieren doch wie Maschinen und reagieren allein auf Reize, sagte man: Kommt ein Fischschwarm vorbei, reißen sie das Maul auf. Erspähen Kraken einen hungrigen Hai, schießen sie davon.

Die meisten Wissenschaftler und Wissenschaftlerinnen hatten sich aber nie besonders lange mit den Tieren beschäftigt. Das lag unter anderem daran, dass Kraken – von denen es rund 300 Arten gibt (siehe Kasten auf Seite 24) – zwar in allen Ozeanen und Meeren weltweit verbreitet sind und in lichtdurchfluteten ▶

Fotos: picture alliance (l), mauritius (r), Michael Sterling (r, m)

21

Der Krakenkörper

Ein menschlicher Körper besteht aus Kopf, Rumpf, Armen und Beinen. Bei Kraken sind diese Teile ganz anders zusammengesetzt, wie sich schon im Larvenstadium zeigt: Der **Mantel** ➊ umhüllt, ähnlich wie bei uns der Rumpf, alle inneren Organe. An ihn schließen sich der Kopf mit den großen **Augen** ➋ sowie die acht **Fangarme** ➌ an. Jeder ist mit **Saugnäpfen** ➍ übersät. Große Kraken besitzen bis zu 1600 Stück davon und können je nach Saugnapfgröße mehrere Kilogramm heben.

Riffen ebenso wie in der nachtschwarzen Tiefsee vorkommen. Aber sie sind meisterhaft im Tarnen und Täuschen. Wittern sie Gefahr, verfärben und verformen sie sich binnen Sekunden, sodass sie wie Seetang oder Korallen aussehen. Andere versprühen dichte „Tinte-Wolken", hinter denen sie verschwinden und davonsausen. Bei Tauchgängen stoßen Forschende darum oft nur zufällig auf die Tiere. Und in Aquarien sind sie schwer zu halten. Kraken gründlich zu studieren ist also gar nicht so einfach. Hinzu kommt: Vielen sind diese Wabbelwesen nicht geheuer. Sy aber macht gerade das neugierig:

„Schon als Kind mochte ich die Ungeheuer in Büchern und Filmen lieber als die Prinzessinnen. Immer war ich auf der Seite der angeblich Bösen.

Ist doch klar, dass ein Drache sauer wird, wenn man ihn weckt oder ärgert! Man muss sich nur in seine Welt versetzen, um ihn zu verstehen."

Genau das macht Sy, die damals an einem Buch über Kraken schreibt, tatsächlich: Sie wird Stammgast im Bostoner Aquarium und nimmt Kontakt zu anderen Krakenbegeisterten auf, die Erstaunliches herausgefunden haben. Julian Finn zum Beispiel: Beim Tauchen stieß der australische Biologe auf Kraken, die Schalen heruntergefallener Kokosnüsse mit sich herumschleppten – um bei Gefahr einen Unterschlupf daraus zu bauen.

Sy spricht auch mit Jennifer Mather. Die kanadische Psychologin hatte Kraken beobachtet, die Kiesel

vom Meeresgrund klaubten und damit den Eingang ihrer Höhle verbarrikadierten. Der US-amerikanische Biologe Roland Anderson ertappte die Tiere beim „Kicken": Per Wasserstrahl, den sie aus ihren knochenlosen Körpern herauspressten, schossen sie eine Plastikdose durch ein Wasserbecken, immer hin und her. Warum nur? Verstecke verbessern, miteinander spielen: All das kostet Energie, Zeit und nützt erst einmal – nichts. Aber es trainiert die Tiere. Solch vorausschauendes Verhalten hatten Forschende bis dahin nur bei Säugern beobachtet.

Und Kraken können noch mehr: Knoten aus Fäden entwirren, Schraubverschlüsse öffnen, um an eine leckere Krabbe zu gelangen. Sie vermögen sogar, Gesichter zu erkennen und voneinander zu unterscheiden. In einem weiteren US-amerikanischen ▶

Multifunktions-Werkzeuge: Mithilfe ihrer **Arme** bewegen sich Kraken fort, sie stöbern damit in Felsspalten nach Nahrung oder pflücken sich lästiges Getier von der Haut

Tarnkünstler: Dank spezieller Pigmentzellen können Kraken das Aussehen ihrer **Haut** binnen weniger Sekunden verändern und mit der Umgebung verschmelzen. Dadurch sind sie geschützt oder verwirren ihre Beute

Ordnung muss sein

Krake, Tintenfisch, Oktopus: Kaum jemand weiß, worin sich die Bezeichnungen für die Wabbelwesen unterscheiden. Deshalb einmal der Reihe nach: **Kraken** zählen – wie Schnecken und Muscheln – zum Tierstamm der Mollusken, also der Weichtiere. Sie besitzen nämlich keine Knochen. Innerhalb der Mollusken gehören sie zur Tierklasse der Cephalopoden, der „Kopffüßer". Sie heißen so, weil es eben so aussieht, als bestünden sie nur aus einem Kopf und Füßen. Die Cephalopoden lassen sich in zwei Unterklassen gliedern, eine davon sind die Tintenfische. Diese lassen sich wiederum in zehn- und achtarmige **Tintenfische** unterteilen. Innerhalb der Achtärmer bzw. -füßer bilden die Kraken (wissenschaftlich: *Octopoda*) eine eigene Ordnung, die wiederum aus rund 300 Arten besteht.

Aquarium spritzte ein Krake immer eine bestimmte Wissenschaftlerin nass, sobald sie ans Becken trat; mit allen anderen hingegen hielt er „Händchen". Sy sagt:

„Bei jeder Geschichte dachte ich: Wow! Und zugleich: Wie kommen wir nur darauf, Kraken Gedanken und Gefühle abzusprechen? Nur weil sie den Regeln der Wissenschaft widersprechen?"

Diese besagen, dass Wesen wie Schimpansen oder Raben vor allem aus zwei Gründen besonders schlau werden. Erstens: Sie wachsen in Gruppen auf, wo sie viel voneinander abgucken können. Zweitens: Sie leben und lernen relativ lange. Nichts von beidem trifft auf Kraken zu. Zwar kümmern sich Krakenmüt-

ter liebevoll um ihre Eier, die sie in Felshöhlen ablegen. Doch ist die Brut geschlüpft, sterben beide Eltern binnen weniger Wochen oder Monate. Die kaum reiskorngroßen Krakenbabys treiben dann allein auf die Weltmeere hinaus. Dort leben sie gerade zwei, drei Jahre – wenig Zeit, um zu lernen und schlau zu werden. Warum sind Kraken trotzdem so clever? Weil sie, wie Studien immer wieder zeigen, ein einzigartiges Gehirn und Nervensystem besitzen.

Ein Krake verfügt über rund 500 Millionen Nervenzellen. Aber anders als bei Säugern sitzt nur etwa ein Drittel davon im Zentralhirn im Kopf. Der Rest verteilt sich auf große Ansammlungen in den acht Fangarmen, in sogenannten

Ganglien. Manche Forschende nennen diese sogar „Mini-Gehirne". Kraken können dadurch offenbar in ihren Fangarmen viele Informationen gleichzeitig verarbeiten und diese weitgehend eigenständig steuern. Das Zentralhirn behält bei allem die Kontrolle – sonst würden sich die mehr oder minder eigensinnigen Arme schließlich verheddern.

Rund ein Jahr nach Sys erstem Besuch stirbt Athena, mit dreieinhalb Jahren. Aber sie begleitet die Forscherin bis heute. Athena hat ihr etwas Wichtiges beigebracht:

„Wir Menschen haben Tiere nur deshalb so lange als dumm bezeichnet, weil sie anders sind. Dabei sind wir oft einfach nicht schlau genug, um zu erkennen, wie schlau sie sind. Das hat Athena mich gelehrt." ∎

Wagemutig: Ganz nah traut sich dieser Krake an den Taucher heran. Offenbar besitzen manche Kopffüßer **Charaktereigenschaften**, ein klares Zeichen für Intelligenz. So gibt es besonders mutige Tiere, andere sind eher scheu

Zahlen, bitte!

20

Laubenvogelarten errichten in ihrer Heimat **Neuguinea** und Australien die erstaunlichsten Bauwerke. Sie flechten Türme, Hütten und Tunnel aus Zweigen und Halmen und verzieren diese mitunter mit farbigen Federn oder Schmetterlingsflügeln – als hätten sie eine Vorstellung von Kunst und Kultur.

35

Orcas machten Jagd auf neun Pottwale: Diese Szene beobachtete ein Biologe vor der Küste des US-Bundesstaates Kalifornien. Ihre **Angriffe** stimmten sie mit Pfiffen und Klicklauten aufeinander ab. Das Jagen lernt der Orca-Nachwuchs über viele Jahre hinweg von den Älteren.

25

Gramm wiegt ein **Straußenhirn**. Im Verhältnis zu seinen 150 Kilogramm Körpermasse ist es winzig und noch dazu nicht besonders leistungsfähig. Entsprechend leicht lässt sich der Laufvogel reinlegen: Hält man einen Stock in die Höhe, der das Tier überragt, denkt der Strauß, sein Gegenüber sei größer als er selbst.

150 kg

30

verschiedene Werkzeuge nutzen **Schimpansen** – soweit wir Menschen wissen.

0

Intelligenz braucht die **Kakerlake** zum Krabbeln. Verliert sie ihren Kopf, steuern Nervenknoten ihre Bewegungen eine kurze Zeit lang noch ohne Unterstützung des Gehirns.

15

bis 20 Jahre reisen **Unechte Karettschildkröten** durch die Weltmeere, bevor sie an genau dem Strand ihre Eier ablegen, an dem sie selbst geboren wurden. Um ihr Ziel zu orten, nutzen sie das Magnetfeld der Erde. Dabei stellen sie allerdings nicht ihre Intelligenz unter Beweis, sie folgen einfach ihrem Instinkt.

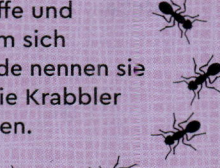

Bis zu **20** Duftstoffe und Duftstoffmischungen benutzen Ameisen, um sich miteinander zu verständigen. Forschende nennen sie **Pheromone**. Mit ihrer Hilfe bewältigen die Krabbler im Team komplexe Aufgaben.

8 Jahre dauert es, bis ein Orang-Utan-Weibchen wieder schwanger wird nachdem sie ein Junges bekommen hat. So viel Zeit benötigt sie, um ihrer **Nachwuchs** auf ein selbstständiges Leben vorzubereiten.

4500 Bis zu Kilometer weit fliegen **Monarchfalter** aus Kanada und dem Nordosten der USA Richtung Süden, um im Winter nicht zu erfrieren. Das Ziel der Schmetterlinge: Florida oder Bergwälder im Zentrum Mexikos. Den Weg finden sie vermutlich mithilfe eines „Sonnenkompasses" im Gehirn.

GUTE NACHRICHT

24 unterschiedliche Laute gackern, piepsen und gurren **Hühner**, haben Forschende herausgefunden. Dazu nutzen sie zahlreiche Zeichen zur Verständigung, können anscheinend auf Ereignisse in der Zukunft schließen, lernen voneinander und täuschen und tricksen sogar. Kurzum: Hühner sind viel schlauer, als lange vermutet wurde.

1 Geschenk machen Adelie-Pinguine ihren Weibchen, um diese von sich zu überzeugen – etwa ein besonderes **Steinchen**. Eine kluge Strategie, die auch bei uns Menschen üblich ist.

350 Papageienarten gibt es ungefähr. Doch nur die wenigsten von ihnen können sprechen. Zu den sprachbegabtesten Plappermäulern zählen die **Graupapageien**.

VON SCHWÄRMEN LERNEN

Wieso bilden sich blitzschnell Ameisenstraßen, wenn Kuchenkrümel unter dem Gartentisch liegen? Wie verteilen Bienen ihre Aufgaben? Und warum gleiten Heringe nicht allein, sondern in riesigen, glitzernden Wolken durchs Wasser? Im Schwarm lassen sich Probleme lösen, die ein einzelnes Tier überfordern würden. Fachleute nennen das kollektive Intelligenz oder **Schwarmintelligenz**. Um sie zu nutzen, brauchen die Tiere keinen Anführer. Alle Mitglieder des Schwarms folgen denselben Regeln und tauschen sich ständig mit ihren Artgenossen aus. Forschende studieren die schlauen Schwärme – und überlegen, wie auch wir Menschen diese Art der Intelligenz nutzen könnten

— Text: Dela Kienle

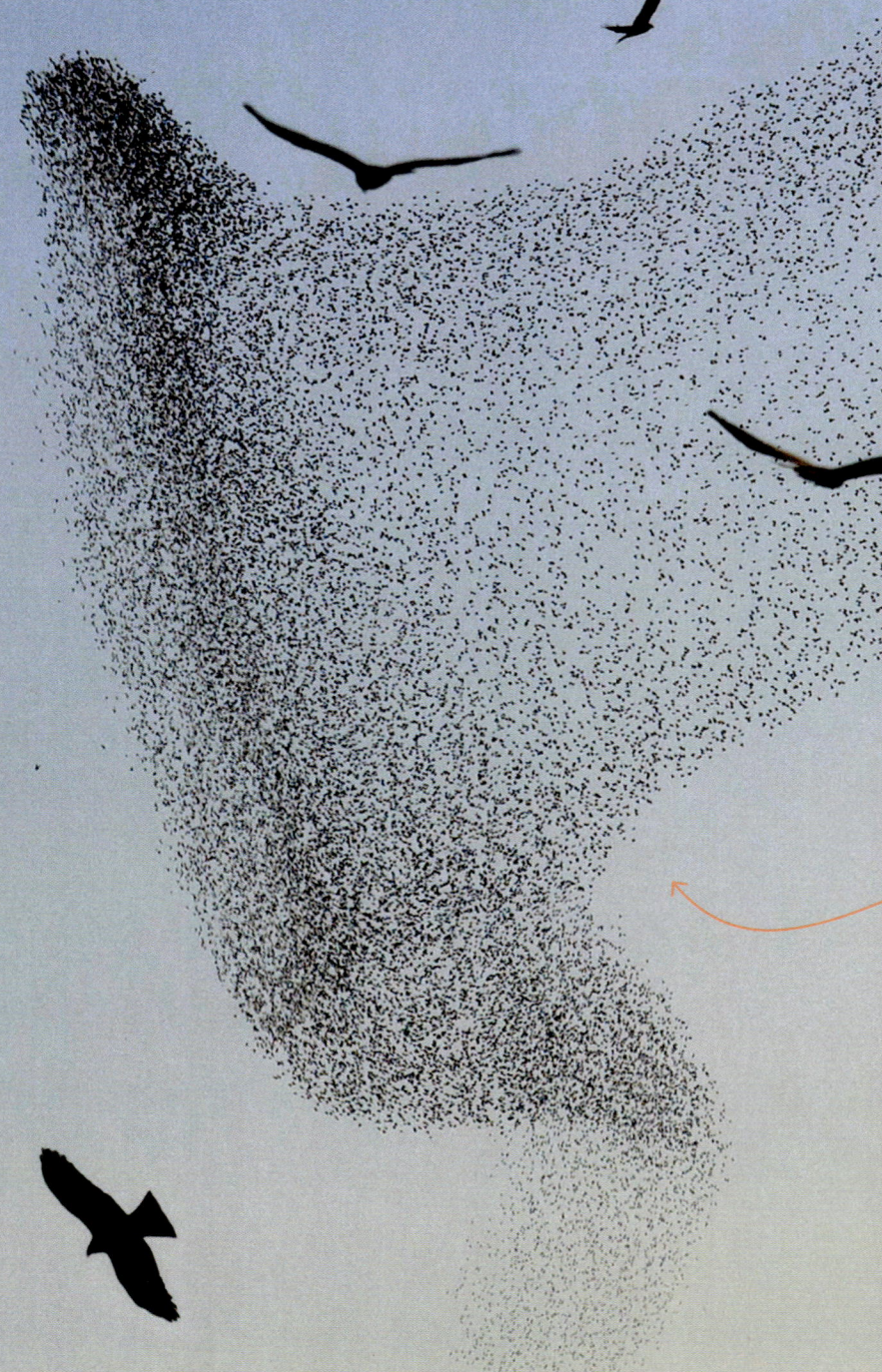

STARE
BESTE AUSSICHTEN IM TEAM

Dem Falken schwirrt der Kopf. Wie gern würde er einen Star in der Luft erbeuten! Doch die Vögel bilden eine schwarze, wogende **Wolke** am Himmel und beschützen sich so gegenseitig. Weshalb Stare sich im Schwarm nicht in die Quere kommen? Weil jeder Einzelne sich an seinem jeweiligen Nachbarn orientiert und mit ihm Richtung und Tempo wechselt. Das sollen jetzt auch zehn kleine **Satelliten** lernen – für das Projekt CloudCT. Die Satelliten werden nicht mehr von der Erde aus gesteuert, sondern stimmen sich untereinander ab. Jeder Satellit beobachtet, was sein Nachbar tut, und reagiert darauf. Letztlich sollen sie mit nur wenigen Metern Abstand nebeneinanderher sausen, ohne zusammenzustoßen, und sogar in einer Pyramiden-Formation fliegen. So können die Satelliten dann aus allen Blickwinkeln mit Messgeräten einzelne Wolken durchleuchten. Die Ergebnisse sollen helfen, den Einfluss von Wolken auf das Wetter besser zu verstehen und damit Klimaänderungen noch genauer vorherzusagen.

Fotos: EPA (l.); Shutterstock (u., r.)

ERDMÄNNCHEN
ABSTIMMUNG HILFT

Welchen Weg müssen wir wählen, um möglichst viel Futter zu finden? Die Anführer von Erdmännchen halten sich bei solchen Fragen meist zurück. Jedes Gruppenmitglied kann vorausflitzen, seine Kumpels rufen – und abwarten, ob genügend von ihnen folgen. Sie führen also eine Art **Gruppenabstimmung** durch. So entdecken sie gemeinsam tatsächlich bessere Futterstellen als ein Anführer allein. Dass Gruppen häufig schlauer sind als Einzelne, gilt auch für Menschen. Viele Personen liegen zum Beispiel daneben, wenn sie das Gewicht eines Ochsen einschätzen oder wenn sie raten sollen, wie viele Murmeln ein Glas enthält. Aber der Mittelwert von allen **Schätzungen** ist oft erstaunlich gut. Die kleinen Fehler der Gruppenmitglieder gleichen sich nämlich untereinander aus. Auch bei der Quizsendung „Wer wird Millionär?" zeigt sich die Intelligenz der Gruppe: Wenn man beim „Publikumsjoker" alle Zuschauer und Zuschauerinnen gemeinsam fragt, stimmt die Antwort in neun von zehn Fällen. ▶

AMEISEN

AUF KÜRZESTEM WEG ZUM ZIEL

Futter sammeln: Das ist die wichtigste Aufgabe von Arbeiterameisen. Die Tierchen krabbeln recht chaotisch los – bis zwei, drei Ameisen beispielsweise einen herabgefallenen Keks finden. Sofort schleppen sie Krümel zum Bau, allerdings auf unterschiedlichen Wegen. Beim Krabbeln hinterlässt jede von ihnen eine **Duftspur**, die andere Ameisen zurückverfolgen. So finden auch diese den Keks und beginnen mit Krümel-Schleppen. Beim kürzesten der Pfade geht das Hin und Her besonders schnell, deshalb duftet dieser Weg bald immer stärker und lockt so noch mehr Ameisen

an – bis schließlich alle auf diesem krabbeln. Der Schwarm hat die effektivste, schlauste Route gefunden! Nach diesem Prinzip haben Forschende mathematische Formeln entwickelt, die in vielen Bereichen helfen. Wie muss der **Paketdienst** zum Beispiel fahren, wenn die Kundschaft in 35 verschiedenen Straßen wohnt? Um solche Fragen zu beantworten, lässt ein Computerprogramm sozusagen virtuelle Ameisen loskrabbeln, rechnet – und spuckt die perfekte Lieferroute aus.

Fotos: Shutterstock (l., r. o., r. u.); Getty Images (l. u.)

BIENEN
PROFIS AM WERK

Das Gehirn einer Biene ist ungefähr so klein wie ein Sandkorn, doch gemeinsam als Volk leisten die Insekten Erstaunliches. Eines der Erfolgsgeheimnisse: Jede Biene hat eine bestimmte **Aufgabe**. So gibt es etwa Brutpflegerinnen, Wächterinnen und Kundschafterinnen, die neue Futterquellen suchen und ihre Kolleginnen darüber informieren. Auch kleine Roboter arbeiten immer öfter wie ein Bienenschwarm zusammen. Beim Projekt SubCULTron untersuchten zum Beispiel 125 **Tauchroboter** die Wasserqualität rund um die italienische Inselstadt Venedig. Wie Bienen hatten sie verteilte Aufgaben: Ein Robotertyp übernahm die Messungen, ein anderer kümmerte sich um die Weiterleitung der ermittelten Werte. Und der dritte Typ erzeugte an der Wasseroberfläche aus Sonnenlicht Strom und lud seine Kollegen wieder mit Energie auf. Alle tauschten sich miteinander aus und trafen gemeinsam Entscheidungen, wie bei einem Bienenvolk. Selbst die Teamregeln der Roboter – sogenannte Algorithmen – waren teilweise vom Schwarmverhalten inspiriert.

HERINGE
FOLGSAME FORMATION

Manche Heringsschwärme sind so groß, dass man sie vom Weltall aus mit Satelliten entdecken kann. Zu Abermillionen zischen die Fische gemeinsam durchs Wasser und beachten die drei goldenen Regeln, die in den meisten Schwärmen gelten. Erstens: Bleib brav bei der Gruppe! Zweitens: Vermeide Zusammenstöße! Drittens: Schwimm in die gleiche Richtung wie die Fische neben dir! Dadurch genügt es, wenn einige wenige Heringe ihre **Richtung** ändern – und der ganze Schwarm lenkt schlagartig um. Doch auch in uns Menschen steckt ein bisschen Hering: Bei einer Studie mussten 200 Freiwillige in einer Halle durcheinanderlaufen. Sobald nur jeder Zwanzigste zielstrebig in eine bestimmte Richtung marschierte, folgte fast automatisch bald auch der Rest. Die Beobachtung könnte bei **Großveranstaltungen** helfen. Dort bricht immer wieder Panik aus, wenn Menschenmengen auf ein Hindernis stoßen und sich drängen. An gefährlichen Stellen könnte man Ordnungspersonal verteilen, das die Menschen zu Notausgängen führt – einfach, indem es sich deutlich und zielgerichtet auf die Ausgänge zubewegt. Alle anderen würden vermutlich zu Mitläuferinnen und Mitläufern, die Gefahr wäre gebannt. ■

REINE NERVENSACHE

Wie sich das Gehirn entwickelt hat

Fressen und verdauen: Zu viel mehr sind die ersten Tiere nicht in der Lage, als sie vor **Jahrmillionen** entstehen. Trotzdem gehen aus ihnen im Lauf der Zeit unzählige Arten hervor – mit immer ausgeklügelteren Gehirnen. Heute ist jede mit dem Denkapparat ausgestattet, der sich für ihre Lebensweise am besten eignet

Text: Heiko Kammerhoff —— Illustration: Tim Wehrmann

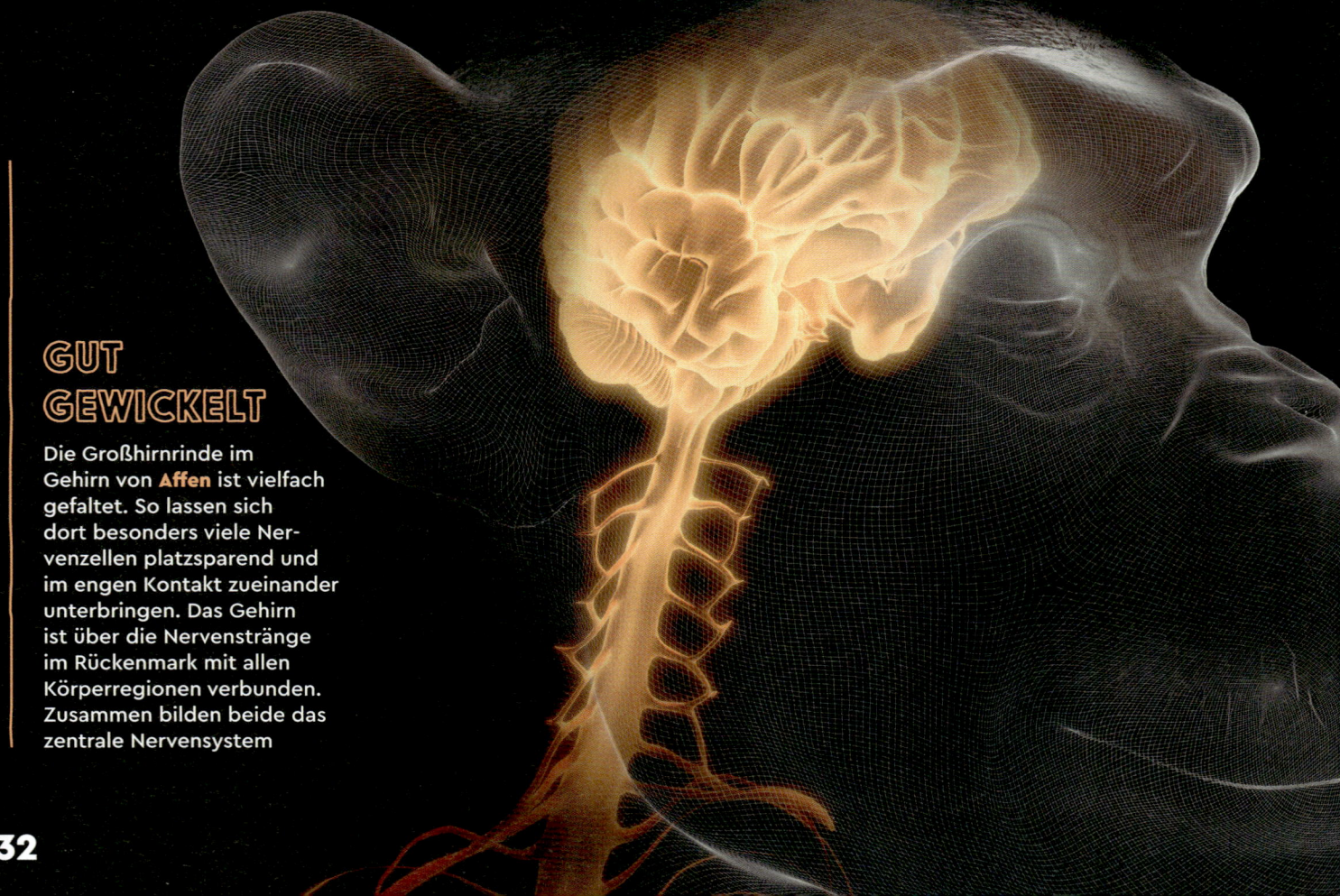

GUT GEWICKELT

Die Großhirnrinde im Gehirn von **Affen** ist vielfach gefaltet. So lassen sich dort besonders viele Nervenzellen platzsparend und im engen Kontakt zueinander unterbringen. Das Gehirn ist über die Nervenstränge im Rückenmark mit allen Körperregionen verbunden. Zusammen bilden beide das zentrale Nervensystem

EMPFINDLICHES NETZWERK

Die ersten Tiere, bei denen verschiedene Körperteile Informationen austauschen, sind **Quallen**. Möglich machen das miteinander verbundene Nervenzellen. Das Netzwerk ist ein Vorbild für alle späteren Nervensysteme im Tierreich

Quallen lösen keine Sudokus. Krokodile würzen ihre Mahlzeiten nicht nach Omas Rezept. Und Affen wissen nicht, wann sie Geburtstag haben. Trotzdem sollten wir Menschen unsere Mit-Tiere nicht als dumm abstempeln. Das wäre überheblich – und nicht besonders schlau. Schließlich gibt es gute Gründe, warum Fische, Reptilien oder Säugetiere unterschiedlich klug sind. Um sie zu verstehen, schauen wir uns die Entwicklung des Gehirns einmal genauer an.

Die ersten mehrzelligen Tiere sind schwammartige Gebilde. Sie entwickeln sich vor rund 750 Millionen Jahren in der Dunkelheit der Meere. Ihre Fähigkeiten sind überschaubar: Sie sitzen auf Steinen fest, filtern Nährstoffe aus dem Wasser und verdauen diese. Denken? Fehlanzeige!

Bald jedoch schwimmen Geschöpfe durch die Ozeane, die schon etwas komplizierter aufgebaut sind: Quallen. Sie bestehen aus verschiedenen Zelltypen für unterschiedliche Aufgaben. Sinneszellen etwa, die Signale von außen aufnehmen, oder Muskelzellen, die für den Antrieb sorgen. Außerdem verfügen sie über eine zusätzliche Art von Zellen: Neuronen, also Nervenzellen. Diese leiten blitzschnell Signale weiter, etwa von der Sinnes- an die Muskelzellen. Ein echtes Gehirn besitzen Quallen zwar nicht, die Neuronen sind über den ganzen Körper verteilt. Trotzdem ist ihr Nervensystem eine „R-Evolution"! Das Prinzip ist gleichzeitig so raffiniert und einfach, dass es sich bis heute nicht verändert hat.

Als sich die ersten Würmer über den urzeitlichen Meeresboden winden, passiert eine entscheidende Veränderung: Sie bewegen sich vor allem in eine Richtung – vorwärts. Neue Umwelteindrücke prasseln also auch zuerst auf das vordere Ende ein, logisch. Befindet sich dort Nahrung? Tut sich ein Schlupfloch auf? Oder ist ein Feind im Anmarsch? Um all diese Informationen schnell aufnehmen und verarbeiten zu können, ballen sich die Nervenzellen im vordersten Zipfel der Würmer. Da ist es also: das erste Gehirn – eine Zentrale, die den gesamten Körper steuert! Selbst ▶

mit den hinteren Körperregionen kann sie dank der Nervenbahnen Informationen austauschen.

Die Evolution schreitet weiter voran, und auf dem Meeresgrund beginnt es zu krabbeln. Die ersten Krebse entstehen. Die Tiere besitzen empfindliche Fühler, zwei Augen und flexible Schwänze, manche von ihnen noch dazu acht Beine. Um all diese Körperteile geschickt zu bewegen und zu koordinieren, braucht es ein leistungsstarkes Gehirn.

ARBEITSTEILUNG

Fische wie dieser **Hai** besitzen als Wirbeltiere schon ein dreigeteiltes Gehirn aus Hirnstamm, Kleinhirn und Vorderhirn. Jeder Teil ist für bestimmte Aufgaben zuständig

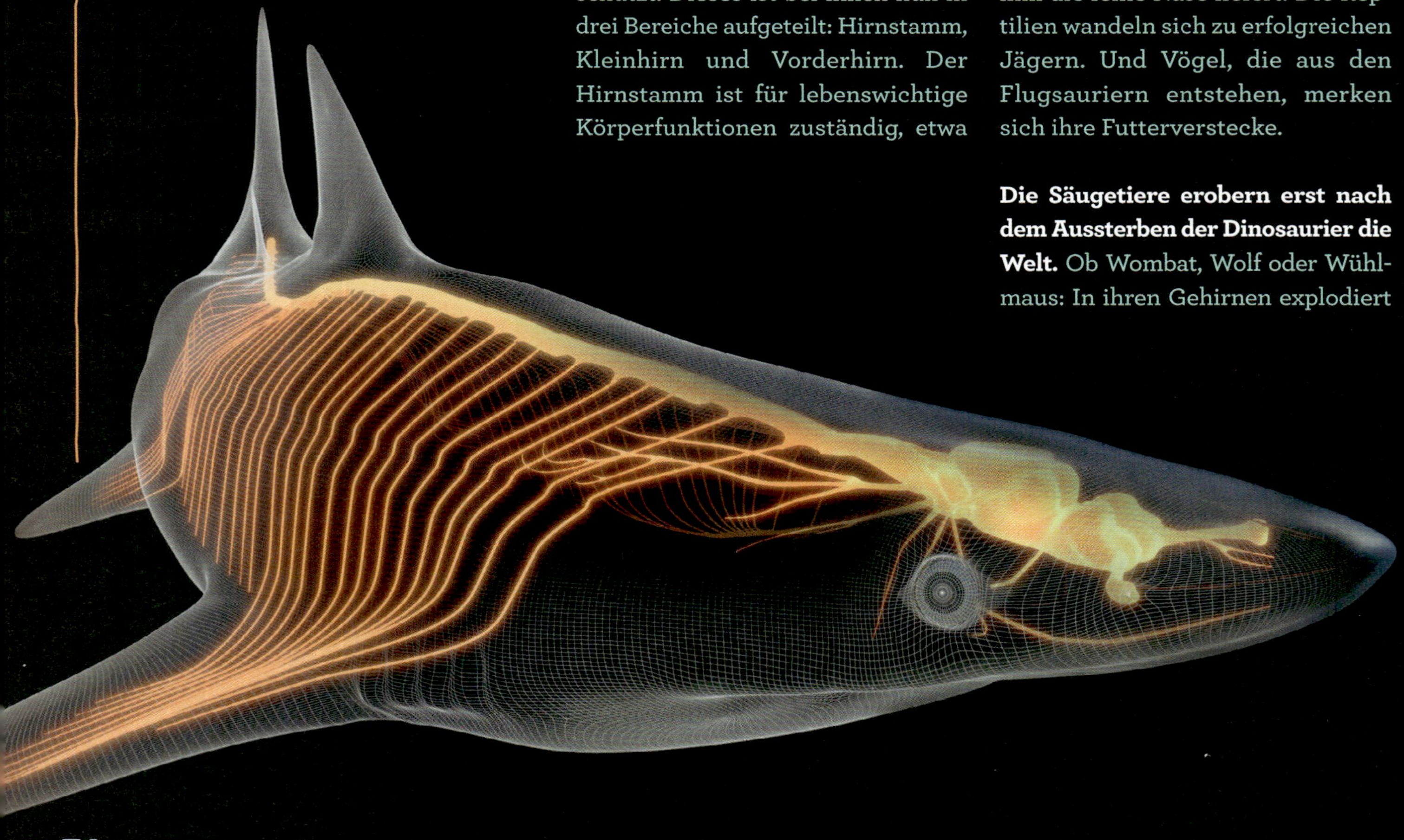

Von diesem profitieren auch die Insekten, die sich später aus den Urkrebsen entwickeln. Sie vollbringen herausragende Leistungen: Ameisen bauen Paläste mit weit verzweigten Gängen, Bienen sammeln Pollen für ihr Volk, Schmetterlinge flattern Tausende Kilometer weit, um sich fortzupflanzen. Aber: Sie alle spulen dabei einfach Programme ab, die in ihrem Erbgut festgeschrieben sind. Selbst etwas Neues lernen können sie kaum, dazu reicht die Power ihres Gehirns nicht aus.

Vor rund 500 Millionen Jahren macht die Entwicklung des Denkapparates einen weiteren Sprung. Damals schwimmen die ersten Wirbeltiere durch die Ozeane, die Urahnen der Fische. Sie haben eine Art Skelett, ein Rückenmark und einen knöchernen Schädel, der das Gehirn schützt. Dieses ist bei ihnen nun in drei Bereiche aufgeteilt: Hirnstamm, Kleinhirn und Vorderhirn. Der Hirnstamm ist für lebenswichtige Körperfunktionen zuständig, etwa

die Atmung oder den Herzschlag. Das Kleinhirn überwacht Bewegungen und das Gleichgewicht. Das Vorderhirn reagiert auf äußere Reize und entscheidet, wie der Körper darauf reagiert.

Wieder vergehen Jahrmillionen. Manche Meeresbewohner erobern als Lurche die Landmassen, entwickeln sich zu Reptilien weiter und stapfen schließlich als Dinosaurier über die Erde. Bei den Wirbeltieren ist das Vorderhirn nun besonders ausgeprägt. Das macht sich bemerkbar: Alles, was sie über Augen, Ohren und Nase wahrnehmen, was sie spüren und schmecken, vermischt sich zu einem Gesamtbild. Die Tiere orientieren sich immer besser in ihrer Umgebung. Bei Krokodilen verarbeitet das Vorderhirn blitzschnell die Informationen, die ihm die feine Nase liefert. Die Reptilien wandeln sich zu erfolgreichen Jägern. Und Vögel, die aus den Flugsauriern entstehen, merken sich ihre Futterverstecke.

Die Säugetiere erobern erst nach dem Aussterben der Dinosaurier die Welt. Ob Wombat, Wolf oder Wühlmaus: In ihren Gehirnen explodiert

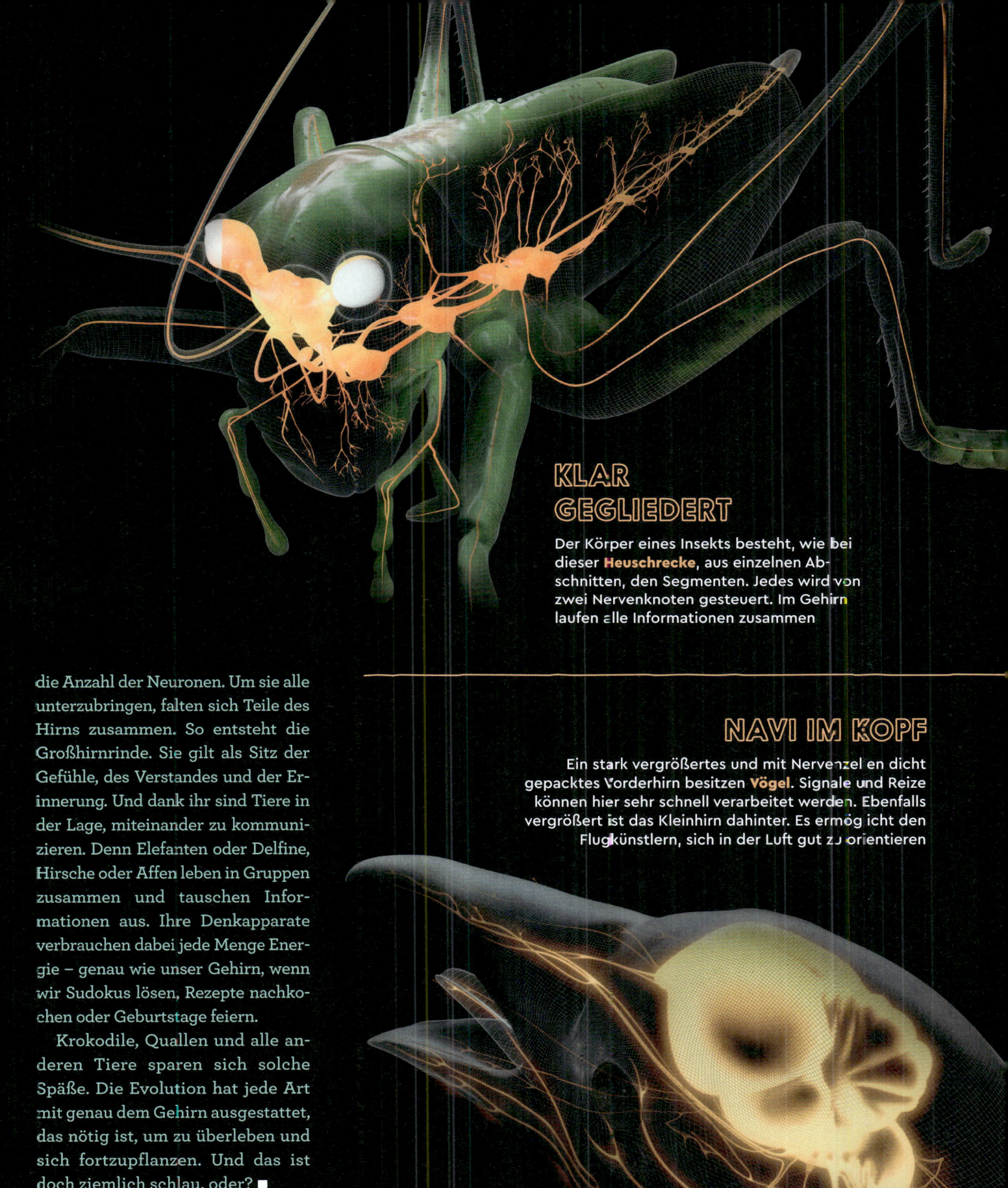

Der Körper eines Insekts besteht, wie bei dieser **Heuschrecke**, aus einzelnen Abschnitten, den Segmenten. Jedes wird von zwei Nervenknoten gesteuert. Im Gehirn laufen alle Informationen zusammen

NAVI IM KOPF

Ein stark vergrößertes und mit Nervenzellen dicht gepacktes Vorderhirn besitzen **Vögel**. Signale und Reize können hier sehr schnell verarbeitet werden. Ebenfalls vergrößert ist das Kleinhirn dahinter. Es ermöglicht den Flugkünstlern, sich in der Luft gut zu orientieren

die Anzahl der Neuronen. Um sie alle unterzubringen, falten sich Teile des Hirns zusammen. So entsteht die Großhirnrinde. Sie gilt als Sitz der Gefühle, des Verstandes und der Erinnerung. Und dank ihr sind Tiere in der Lage, miteinander zu kommunizieren. Denn Elefanten oder Delfine, Hirsche oder Affen leben in Gruppen zusammen und tauschen Informationen aus. Ihre Denkapparate verbrauchen dabei jede Menge Energie – genau wie unser Gehirn, wenn wir Sudokus lösen, Rezepte nachkochen oder Geburtstage feiern.

Krokodile, Quallen und alle anderen Tiere sparen sich solche Späße. Die Evolution hat jede Art mit genau dem Gehirn ausgestattet, das nötig ist, um zu überleben und sich fortzupflanzen. Und das ist doch ziemlich schlau, oder? ∎

Welches tierische Genie bist du?

Beim Lösen von Aufgaben wenden Tiere oft raffinierte **Strategien** an. Welcher Schlaumeier ähnelt euch? Macht den Test und findet es heraus

1 **In der Pause willst du mit den anderen auf dem Schulhof toben. Aber was machst du derweil mit deinen Schokokeksen?**

A: Ich sage meinen Freunden und Freundinnen, dass sie ein Auge darauf haben sollen. ●

B: Ich spiele nicht mit und bewache die Kekse. ■

C: Ich verstecke sie heimlich, damit die anderen sie nicht klauen. Die haben schon so gierig geguckt. ▲

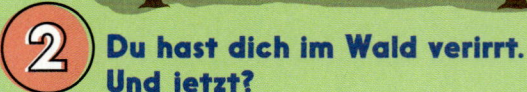

2 **Du hast dich im Wald verirrt. Und jetzt?**

A: Ich folge dem Weg mit den meisten Fußspuren. Die Mehrheit liegt ja immer richtig. ■

B: Kein Problem! Mit einem Magnet und einer Nadel bastele ich mir einen Kompass, wandere nach Nordnordost und bin schwuppdiwupp raus! ▲

C: Yippieh, endlich mal ein Abenteuer! Ich erforsche die Umgebung. ●

3 **Jemand behauptet, dass er dich aus den letzten Ferien kennt. Kannst du dich noch erinnern?**

A: Schon möglich. ▲

B: Nein, das ist zu lange her. ■

C: Klar, das ist Maxi. Ich merke mir jeden, den ich mal getroffen habe. Sogar mit Namen. ●

4 **Du willst mit deinen Freundinnen Fußball spielen, aber euch fehlen noch ein paar Spielerinnen. Nebenan stehen Mädchen, die das letzte Mal fies zu dir waren. Fragst du sie trotzdem, ob sie mitmachen?**

A: Nö, Fieslinge merke ich mir genau. Die sind bei mir unten durch, für immer. ▲

B: Nein, ich spiele nur mit Freundinnen. ■

C: Klar! Mal ärgert man sich, mal spielt man zusammen. Das ist doch normal. ●

5 **Bei einem Ausflug verletzt sich jemand aus deiner Klasse. Was machst du?**

A: Ich rufe die anderen, und wir transportieren den Verletzten ab. ■

B: Ich bleibe bei ihm und tröste ihn. ●

C: Nichts. Das interessiert mich nicht. ▲

6 Es ist Abend, und du hast einen Euro in der Tasche. In der Bäckerei bekommst du dafür einen Donut. Du weißt, dass die Verkäuferin in zehn Minuten den Preis halbiert, um die restliche Ware loszuwerden, ehe sie schließt. Wie verhältst du dich?

A: Ist doch klar, ich warte, um für das Geld zwei Donuts zu bekommen! ▲

B: Das ist mir zu kompliziert. Den Donut, bitte! ■

C: Warten? Auf keinen Fall, ich habe jetzt Hunger! ●

7 Endlich Ferien. Was unternimmst du?

A: Ich schlage GEOlino auf und mache die Rätsel! ▲

B: Ich gehe mit ein paar Freundinnen und Freunden ins Schwimmbad. ●

C: Mir fällt nix ein. Aber ich frag mal im Freundeskreis rum und mach bei denen mit. ■

AUFLÖSUNG

Hinter jeder deiner Antworten steht ein Symbol.
Zähle, welches Symbol du wie oft hast. Trag hier die Anzahl ein: ▲_____ ■_____ ●_____

AM HÄUFIGSTEN ▲:
Rabe

Technik ist deine Stärke! Im Basteln und Knobeln macht dir so schnell keiner etwas vor. Wenn die Belohnung stimmt, tüftelst du auch Pläne für die Zukunft aus und wartest geduldig darauf. Dich reinzulegen ist schwierig: Du kannst dich gut in andere hineinversetzen und bist ziemlich misstrauisch. Allerdings bist du sehr nachtragend, wenn jemand unfair zu dir war.

AM HÄUFIGSTEN ●:
Delfin

Du bist neugierig, spielst gern und hast ein super Gedächtnis. Sprachen fallen dir leicht, und du quasselst gern. Weil du gleichzeitig sehr sozial bist, hast du viele Freunde und Freundinnen, um die du dich rührend kümmerst, wenn sie dich brauchen. Falls nötig, arbeitest du aber auch mit Fremden oder alten Feinden zusammen.

AM HÄUFIGSTEN ■:
Ameise

Du bist ein Teamspieler oder eine Teamspielerin. Allein fehlen dir manchmal die Ideen, du kannst dich nicht entscheiden, und dein Gedächtnis ist auch nicht das beste. Aber wenn du mit anderen zusammenarbeitest, fühlst du dich pudelwohl und gibst alles, selbst wenn es anstrengend ist. Oft hast du damit Erfolg.

Pottwale verständigen sich untereinander über Knack- und **Klicklaute**. Um herauszufinden, was sie bedeuten, haben Forschende bislang fast 100 000 dieser Codes aufgezeichnet

Zur Sprache gebracht

Wäre es nicht toll, sich mit Tieren unterhalten zu können? Manche Forscherinnen und Forscher glauben, dass das bei einigen Arten künftig möglich ist. Als Erstes wollen sie die Sprache der **Pottwale** entschlüsseln – mit einem Lauschangriff unter Wasser, superschnellen Computern und künstlicher Intelligenz

— Text: Dela Kienle

So »klickt« ein Pottwal

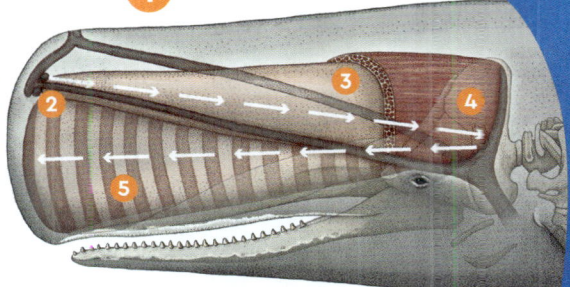

Die Laute, mit denen sich die Meeressäuger verständigen, entstehen im Inneren ihrer riesigen **Nase** ❶. Ähnlich wie wir Menschen pressen Pottwale dazu Luft aus der Lunge durch ihre **Stimmlippen** ❷. Dabei entstehen Schallwellen, die zunächst in das **Spermaceti-Organ** ❸ geleitet werden, eine Art Kissen aus weichem Wachs. An dessen Ende prallt der Schall an einem **Luftsack** ❹ ab und bewegt sich durch ein weiteres Fettpolster, den **Junk** ❺, zurück in Richtung Nasenspitze. Dabei wird er wie in einer Linse gebündelt und als Schallstrahl über die Haut an der Nasenspitze an das Wasser abgegeben.

Unser Experte
David Gruber

Das Meer zittert, und zwei Pottwale schieben sich aus den Wellen. Kurz sieht man ihre eckigen Dickschädel, dann tauchen Fingers und ihre Tochter Digit wieder ab. Ein Unterwassermikrofon verrät jedoch, dass sie in der Nähe bleiben und munter auf „Pottwalisch" miteinander plaudern: „Klickklick ... Klickklickklick ..." Mal stößt Fingers seltsame Knacklaute aus; kurz darauf scheint Digit ihrer Mutter zu antworten. „Wir wissen, dass Pottwale miteinander kommunizieren,

dass sie sich austauschen", erklärt der US-amerikanische Meeresbiologe David Gruber. „Wir wissen nur noch nicht, was sie zueinander sagen!"

Doch genau das will Gruber ändern – als Leiter des Forschungsprojekts CETI. Einige der schlauesten Köpfe der Welt haben sich zusammengeschlossen, um erstmals eine Tiersprache zu entschlüsseln. So gründlich, dass sie sich am Ende womöglich mit Fingers und Digit in deren Klicksprache unterhalten können. Klingt verrückt? Vielleicht. Doch

das CETI-Team bekommt Hilfe von hochmodernen Computerprogrammen, von künstlicher Intelligenz.

Niemand bezweifelt, dass Tiere sich jede Menge mitteilen: Sie preisen sich als Paarungspartner an, schüchtern Konkurrenten ein oder rufen Artgenossen zu Hilfe – indem sie grunzen, quietschen, zirpen oder pfeifen. Heringe pupsen sich sogar Nachrichten in unterschiedlichen Tonlagen zu. Auch mit Mimik, Gesten und Düften machen Tiere deutlich, was Sache ist. Aber sprechen ▶

sie deshalb alle eine richtige „Sprache"? „So einfach ist es nicht!", bremst der Biologe und Sachbuch-Autor Karsten Brensing. Richtige Sprache, erklärt er, hat nämlich drei Merkmale: „Sie besitzt erstens Vokabeln, also Wörter mit einer festen Bedeutung. Zweitens gibt es eine Grammatik, sodass beispielsweise der Satzbau festen Regeln folgt. Und drittens kann sich zwischen zwei Sprechenden ein richtiges Hin und Her entwickeln, also ein Dialog."

Es gibt Tierarten, die eine oder mehrere dieser Punkte erfüllen. Meerkatzen, eine afrikanische Affenart, benutzen beispielsweise verschiedene Wörter für Raubtiere: Sie kreischen

„Hack!", wenn ein Adler im Anflug ist, und warnen mit „Pyow!" vor einem Leoparden. Kohlmeisen beherrschen sogar eine simple Grammatik: Sie kombinieren zwei gezwitscherte „Wörter" auf verschiedene Weisen und bauen so einfache Sätze. Und wenn Pottwale wie Fingers und Digit sich abwechselnd mit Klicklauten vollquatschen? Dann klingt das wirklich, als würde die eine der anderen von einem Kampf mit einem Riesenkalmar erzählen. „Noch fehlen die Beweise, aber ich halte es für absolut möglich, dass manche Tierarten eine richtige Sprache beherrschen", sagt Karsten Brensing.

Pottwale sind dafür heiße Kandidaten: Sie gelten als besonders intelligent, in ihrem Dickschädel

verbirgt sich das mit bis zu neun Kilogramm schwerste Gehirn der Welt – rund sechsmal größer als das des Menschen! Außerdem leben Weibchen und Jungtiere, aber auch halbstarke Männchen in engen Gruppen zusammen. Pottwale helfen einander, arbeiten im Team, schließen Freundschaften.

Für all das müssen sie miteinander kommunizieren können. Man hat bereits entdeckt, dass Pottwal-Mütter eine spezielle Babysprache benutzen, wenn sie sich an ihren Nachwuchs wenden. Und je nachdem, zu welcher Gruppe ein Pottwal gehört, „klickt" er in einem eigenen Dialekt, den er von der Familie oder von Kumpels lernt. Damit zeigen Pottwale, dass ihre Sprachlaute

Foto: Shutterstock; Grafik: Alex Boersma/CETI

nicht nur angeboren sind wie das „Wau!" eines Hundes, sondern dass sie neue Laute dazulernen können.

Solche Erkenntnisse sind spannend. „Aber mit den bisherigen Methoden kommen wir in der Erforschung von Tiersprachen nicht mehr weiter", sagt Karsten Brensing. Die Hoffnung liegt darum jetzt auf künstlicher Intelligenz, KI genannt. Das sind komplizierte Computerprogramme, die Aufgaben selbstständig lösen können und sich dadurch immer weiterentwickeln. „KI bietet uns unglaubliche, fast grenzenlose Möglichkeiten!", schwärmt der Biologe.

KI steckt zum Beispiel bereits in Sprachassistenten wie Alexa und Siri, manche KI-Programme spucken sogar gut geschriebene Texte aus. Sie haben unter anderem gelernt, welche Worte häufig nebeneinander auftauchen oder wie Sätze aufgebaut sein müssen, damit sie richtig klingen. Künstliche Intelligenz entdeckt also Muster in einem Wirrwarr aus Informationen. „Aber damit das funktioniert, braucht man Daten, ungeheure Mengen an Daten!", seufzt CETI-Leiter David Gruber.

Ein KI-Programm für Menschensprache saugt bis zu 175 Milliarden Wörter aus dem Internet – ungefähr so viele, wie Sterne in unserer Milchstraße funkeln. Von Pottwalen haben Forschende in der Vergangenheit aber gerade einmal knapp ▶

Gelungene Unterhaltung: Weibchen und Jungtiere leben in **Gruppen** zusammen und müssen viel untere nander kommunizieren. Damit der Nachwuchs sie leichter versteht, benutzen Mütter eine spezielle Babysprache

Der Lauschangriff

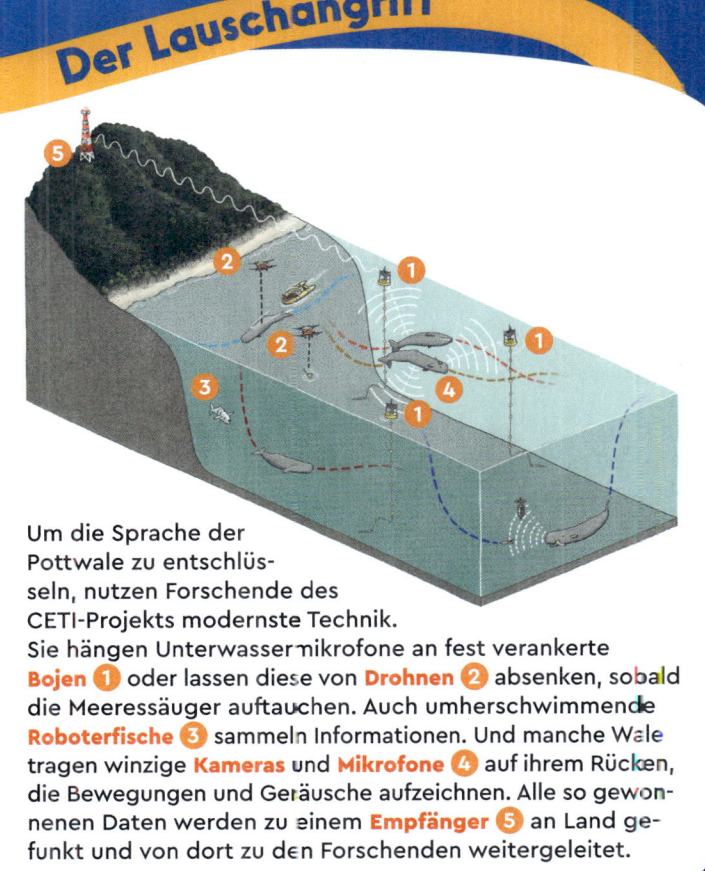

Um die Sprache der Pottwale zu entschlüsseln, nutzen Forschende des CETI-Projekts modernste Technik.
Sie hängen Unterwassermikrofone an fest verankerte **Bojen ❶** oder lassen diese von **Drohnen ❷** absenken, sobald die Meeressäuger auftauchen. Auch umherschwimmende **Roboterfische ❸** sammeln Informationen. Und manche Wale tragen winzige **Kameras** und **Mikrofone ❹** auf ihrem Rücken, die Bewegungen und Geräusche aufzeichnen. Alle so gewonnenen Daten werden zu einem **Empfänger ❺** an Land gefunkt und von dort zu den Forschenden weitergeleitet.

100 000 Klickcodes gesammelt. Viel zu wenige!

Darum wird jetzt fieberhaft getüftelt: an Abhörsystemen, die fest unter Wasser montiert werden sollen – und an Roboterfischen. Die sollen zwischen den Pottwalen herumschwimmen und unauffällig Daten sammeln. Sobald Walgruppen an der Meeresoberfläche auftauchen, sollen Drohnen heranschwirren und blitzschnell ein Mikrofon ins Wasser absenken. Womöglich bekommen Fingers und Digit auch winzige Kameras und Mikrofone verpasst, die ihre Bewegungen und alle Geräusche aufzeichnen. Die Forschenden interessieren sich nämlich auch dafür, in welchem Zusammenhang die Klicklaute gesendet werden: Welcher Wal stößt sie aus? Ist er auf der Jagd? Hat er Hunger? Wie ist gerade das Wetter? All das könnte deutlich machen, was Wörter auf „Pottwalisch" womöglich bedeuten.

Den gesammelten Datenberg soll dann die künstliche Intelligenz durchforsten und daraus Sprachregeln ableiten. Bis es bei uns Menschen endlich „klick" macht, kann es allerdings noch einige Jahre dauern. Wenn es so weit ist, könnte auch der letzte spannende Schritt erfolgen: Ein Tauchroboter soll den Pottwalen Klicklaute vorspielen und mit den Meeressäugern zu „sprechen" versuchen. Wie Fingers und Digit wohl reagieren, wenn ein fremdes Wesen sie anquatscht? Wir müssen uns gedulden. CETI-Leiter Gruber ist in jedem Fall sicher: „Wir Menschen sind nicht die einzige intelligente Art auf dieser Erde!" ∎

Tierische Sprachtalente

Einige Tiere sind berühmt dafür, dass sie »sprechen« oder Wörter begreifen. Allerdings haben Menschen ihnen das mühsam beigebracht – als Fremdsprache sozusagen

Das in Frankreich in einem Aquarium lebende Orca-Weibchen **Wikie** macht Menschensprache nach – indem sie durch ihr Blasloch Luft herausquetscht, quietscht oder pfeift. Das klingt dann wie „Amy", „one, two, three" oder „hello".

Die Gorilla-Dame **Koko** war weltberühmt: Laut ihrer Trainerin soll sie über 1000 Begriffe in einer Gebärdensprache verstanden haben. So konnte Koko Gefühle ausdrücken, neue Zeichen für Gegenstände erfinden – und soll manchmal sogar geschwindelt haben.

„Sitz!" oder „Bring's!" – die meisten Hunde begreifen einige Kommandos. Die Bordercollie-Dame **Chaser** jedoch hatte die Namen von 1022 verschiedenen Spielzeugen gelernt und schleppte sie brav herbei, wenn ihr Herrchen danach verlangte.

Alex galt als schlauester Papagei der Welt. Eine Tierpsychologin brachte ihm bei, 200 Wörter auszusprechen und 500 Begriffe zu verstehen. Alex konnte Farben und Formen unterscheiden und forderte gern mit „Wanna banana!" (auf Deutsch: „Möchte Banane!") seine Lieblingsfrucht.

Für Rätselfans: Die neuen GEOLINO Rätselkrimis

Die neue Buchreihe für alle, die gerne ermitteln und recherchieren, startet mit den ersten zwei Bänden: „Der gestohlene Streifenkiwi" und „Die Oldtimerjagd im Technikmuseum".
Die DKHF, Detektei für knifflige und hoffnungslose Fälle, braucht deine Hilfe. Löse die spannenden Rätsel, um die Fälle aufzuklären. Vor dir liegt ein aufregendes Abenteuer mit versteckten Hinweisen, Geheimschriften und Labyrinthen.

Preise: 12,00 € (D) / 12,40 € (A) / Fr. 17,90 (CH)

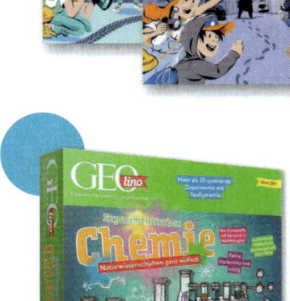

Wow!

Neu!

GEOLINO Experimentierkasten „Wetterstation"

Mit diesem Set verwandelt sich eine leere Flasche in eine kleine Wetterstation. Damit beobachtest du nicht nur die Temperatur, sondern misst auch die Niederschlagsmenge und die Windgeschwindigkeit sowie -richtung. Und mittels Erde und ein paar Samen wird die Flasche zusätzlich zu einem kleinen Gewächshaus.

Preise: 14,95 € (D/A) / Fr. 16,95 (CH)

GEOLINO Experimentierkasten „Chemie"

Es blubbert, schäumt und reagiert! Mit dieser Experimentierbox wirst du zum echten Chemie-Forscher. Verblüffende Experimente lassen Cola erblassen oder mysteriöse Gruselwolken entstehen. Spannende Versuche zur Nachhaltigkeit machen dich fit für die Zukunft!

Preise: 49,95 € (D/A) / Fr. 59,95 (CH)

GEOLINO Wissensbox

In spannenden Sach-Hörspielen führt Wissensexperte Wigald Boning durch die beliebtesten Themen. Gemeinsam machen wir eine Zeitreise in die Vergangenheit, erforschen das Leben der Menschen sowie Geheimnisse der Erde und entdecken Unerwartetes aus der Tierwelt. Locker, witzig und auch mal ernst, wird das Wissen immer so vermittelt, dass Kinder und Erwachsene Spaß haben zuzuhören und Neues zu lernen.

Preise: 25,00 € (D/A) / Fr. 27,50 (CH)

GEOLINO MINI Hörspiele

Ralph Caspers führt uns durch die kunterbunten Geschichten und erlebt gemeinsam mit seinen Insekten-Freunden Grashüpfer Georg, Mistkäfer Mo und Libelle Belle lehrreiche Abenteuer. Zusammen erfahren wir alles rund um die Themen Feuerwehr, Pferde und Ponys, Ritter und Burgen, Sterne und Planeten. Im Doppelpack zum Vorteilspreis.

Preise im Bundle
je 16,99 € (D/A) / Fr. 19,99 (CH)

Neu!

Jetzt bestellen unter www.geoshop.de/kinder2022

(Bitte geben Sie immer den Aktionscode an: G00209)

DAS IST IHR JOB

Pferde dressieren, mit Schweinen trainieren, Tauben erforschen: Viele **Berufe** klingen unglaublich spannend. Sind sie es wirklich? Wir machen den Check

— Protokolle: Julia Wäschenbach

Rampensau: Nicolle Müllers **Schweine** spielen regelmäßig in Filmen oder Serien mit. Sie beherrschen etliche Tricks und können unter anderem Becher stapeln

NICOLLE MÜLLER, 45:
FILMTIERTRAINERIN

Arbeitsort: eine Agentur für Filmtiere südlich von Berlin

So sieht mein Alltag aus: Mein Tag beginnt in der Regel um 7.30 Uhr und endet gegen 23 Uhr. Ich arbeite zum Beispiel mit Mini-Schweinen, Affen und Hunden, die in Filmen oder Serien mitspielen sollen. Ich bringe ihnen etwa bei, wie man Klaviertasten so drückt, dass einfache Melodien entstehen, oder wie man Knoten mit dem Maul lösen kann. Mit jedem Tier beschäftige ich mich täglich mindestens 100 Minuten lang, damit es im Kopf fit bleibt. Wenn es dann wirklich mit einem Filmdreh oder einem Fotoshooting losgeht, ist das ein besonderer Moment – die Belohnung für meine Tiere und mich, dass wir uns gut vorbereitet haben.

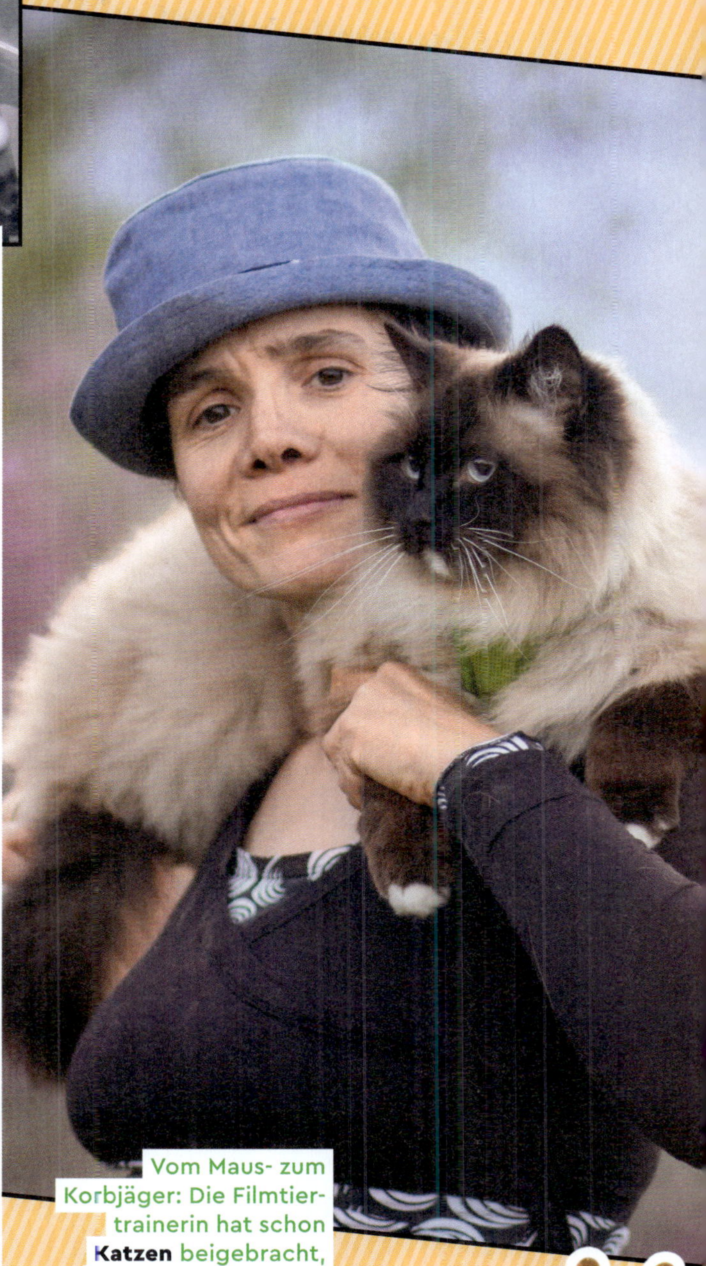

Ich bin Filmtiertrainerin geworden, weil ... ich die Arbeit mit Tieren liebe. Am meisten mag ich, ihnen Tricks beizubringen oder ihre Intelligenz auf andere Weise zu trainieren. In keinem anderen Beruf kann ich so vielseitig mit Tieren arbeiten.

Das mag ich besonders an meinem Job: Dass das Training so abwechslungsreich ist und dabei so viele schöne Erinnerungen entstehen. All die Filme und Fotos, in denen meine Tiere mitgewirkt haben, füllen inzwischen einen ganzen Schrank.

Manchmal nervt mich ... dass die meisten Menschen beim Film während ihrer Ausbildung wenig bis gar keinen Kontakt zu Filmtieren haben. Oft haben sie die veraltete Vorstellung, dass die Tiere eine schöne Dekoration sind, die irgendwie ins Bild gesetzt werden muss. Das ist aber Quatsch! Tiere können viel mehr, wie wir in den Videos auf unserem Tiktok-Kanal zeigen. Dort sieht man auch, wie man artgerecht mit ihnen umgeht.

Das beeindruckt mich am meisten: Dass selbst vermeintlich weniger clevere Tiere wie Vogelspinnen schon nach sehr kurzer Zeit komplizierte Abläufe hinkriegen. Die Arbeit mit mehr als 250 Arten und Rassen hat mich einen enormen Respekt vor Tieren gelehrt.

Actionfaktor:

Ist was für:
Tierfreunde Einzelgänger

Onur Güntürkün denkt sich Knobelaufgaben für **Tauben** aus. Mit ihrer Hilfe will er unter anderem verstehen, wie das Gedächtnis funktioniert

Ab in die Röhre! Dieses Gerät, ein Magnetresonanztomograf (kurz: MRT), zeichnet während der Experimente die **Hirnaktivität** der Taube auf

ONUR GÜNTÜRKÜN, 63:

BIOPSYCHOLOGE

Arbeitsort: die Büros und Labors an der Ruhr-Universität Bochum

So sieht mein Alltag aus: Wenn ich ins Büro komme, sehe ich meine E-Mails durch. Später diskutiere ich oft mit meinen Kolleginnen und Kollegen über ein Experiment, das wir durchgeführt haben. Unter anderem untersuchen wir gerade, ob sich Tauben Dinge für kurze Zeit merken können. Wir Menschen prägen uns häufig Sachen ein, indem wir sie uns vorsagen. Tauben können nicht sprechen, sind aber trotzdem kluge Tiere. Wir wollen herausfinden, ob sie sich Dinge merken, indem sie etwa bestimmte Körperbewegungen wiederholen.

Ich bin Biopsychologe geworden, weil ... ich mich dafür interessiere, wie zum Beispiel das Gedächtnis und Gefühle im Gehirn entstehen.

Das mag ich besonders an meinem Job: Die Freiheit, das zu tun, was mich interessiert, und es dann zu tun, wann es mir gerade gut passt. Außerdem ist es toll, dass ich mit hochintelligenten jungen Menschen zusammenarbeiten kann.

Manchmal nervt mich ... dass der Tag nur 24 Stunden hat. Ich hätte gern 36.

Während meiner Ausbildung habe ich gelernt ... meinen eigenen Ideen gegenüber sehr kritisch zu sein und sie aus möglichst vielen Blickwinkeln zu betrachten. Ich habe Psychologie studiert – eine wichtige Grundlage, um beispielsweise herauszufinden, wie die Gehirne von Tieren funktionieren.

Das beeindruckt mich an Tauben am meisten: Dass in einem so kleinen Gehirn – es wiegt nur 2,1 Gramm! – so viele komplexe Denkprozesse stattfinden. Wir haben Tauben zum Beispiel mal beigebracht, englische Begriffe zu erkennen. Immer, wenn die Tauben auf ein richtiges Wort gepickt haben, haben sie Futter bekommen. Am Ende des Experiments konnten die Tiere englische Wörter aus vier Buchstaben von Fantasiewörtern unterscheiden.

Actionfaktor:

Ist was für:

Tierfreunde   Forscher   Teamworker

Tiefe Einblicke: Am Bildschirm wertet das **Forschungsteam** die MRT-Aufnahmen des Taubengehirns aus

ANNA ABBELEN, 25:
DRESSURREITERIN

Arbeitsort: der Reitstall in Krefeld und Reitturniere

So sieht mein Alltag aus: Mein Tag beginnt sehr früh. Nachdem ich die Pferde gefüttert habe, sattele, reite und pflege ich sie. Das Putzen, Striegeln, Bürsten und Hufesäubern macht mir besonders Spaß, weil ich dabei viel Zeit nur mit den Tieren habe. Mein Top-Pferd heißt Sam und ist 15 Jahre alt. Mit ihm trainiere ich auf dem schwersten Niveau der Dressur. Beim Üben auf dem Reitplatz gebe ich Sam Kommandos, die für andere Menschen möglichst unsichtbar aussehen sollen. Pferde sind sehr sensible und schlaue Tiere. Wenn ich zum Beispiel einen bestimmten Muskel anspanne, merkt Sam das sofort und reagiert darauf. Das Ganze soll wie ein Tanz aussehen.

Ich bin Dressurreiterin geworden, weil ... ich von meinen Eltern die Chance bekommen habe, mein Hobby zum Beruf zu machen. Meine Mutter hat mir nie Druck gemacht, einen bestimmten Beruf zu lernen, sondern hat mich ausprobieren lassen. Mit Tieren zu arbeiten ist für mich viel spannender als vor einem Computer zu sitzen.

Das mag ich besonders an meinem Job: Pferde sind sehr einfühlsame Tiere, dadurch gleicht kein Tag dem anderen. Zudem mache ich gern Sport und mag es, mein Wissen anderen zu vermitteln. Deshalb gebe ich Reitunterricht. Wenn meine Schülerinnen und Schüler Erfolg haben, ist das für mich eine tolle Bestätigung.

Manchmal nervt mich ... wenn es im Winter sehr kalt ist! Außerdem möchten die Pferde gern jeden Tag bewegt werden. Es ist also viel Verantwortung, die auf einem lastet.

Während meiner Ausbildung habe ich gelernt ... dass es sich lohnt durchzuhalten und dass man mit viel Fleiß und Disziplin an sein Ziel kommt. Ich bin ausgebildete Trainerin und Profi-Reiterin.

Das beeindruckt mich an Pferden am meisten: Dass sie oft Freude an der Dressurarbeit haben und mir diese dann zurückgeben. Sie zeigen mir aber auch, wenn ihnen etwas nicht passt. Sie sind ein guter Spiegel und helfen mir, mich selbst infrage zu stellen und immer besser zu werden.

Actionfaktor: ☆ ☆

Ist was für: Tierfreunde Teamworker

Reife Leistung: Achtmal wurde Anna Abbelen bislang **Europameisterin** im Dressurreiten

Anna Abbelen nimmt nicht nur selbst an Turnieren teil, wie hier 2015 mit ihrer **Stute** First Lady in Wiesbaden. Sie bereitet auch die Pferde anderer auf Dressur-Wettkämpfe vor

Fotos: Christine Heinemann (l. o. l.); Susanne Tolle (l, 3); Elena Peters (r. o. r.); Wolfgang Minich/picture alliance (r. u.); Shutterstock (r. o. l.)

≫ Ich mache mir keine Gedanken ≪

Clevere Tiere kommen im Leben besser zurecht? Nicht unbedingt! Neunbinden-Gürteltiere gelten als **Dummerchen**, haben ziemlich leistungs- schwache Gehirne – und dadurch tatsächlich Vorteile. Welche? Das hat uns ein Vertreter der Art im Interview verraten

— Text: Annika Sartor

STECKBRIEF:

Neunbinden- Gürteltiere

Lebensraum: Das Neunbinden-Gürteltier, wissenschaftlich *Dasypus novemcinctus*, ist eine von 20 Arten aus der Gruppe der Gürteltiere. Es lebt in weiten Teilen Südamerikas, in Mittelamerika sowie im Südosten der USA. Seine unter- irdischen Baue gräbt es in Wäldern und Graslandschaften.

Größe und Gewicht: Vom Kopf bis zum Hinterteil messen Neunbinden-Gürteltiere 30 bis 60 Zentimeter – dazu kommt ein ebenso langer Schwanz. Männchen wie- gen bis zu 6,5 Kilogramm und sind etwas größer und schwerer als Weibchen.

Nahrung: Auf dem Speiseplan stehen vor allem Käfer, deren Larven, Heuschrecken und Schmetterlinge, gelegentlich auch Eier von Schildkröten und Vögeln.

Nachwuchs: Nach der Paarung bringt das Weibchen meist Vierlinge zur Welt. Der Nachwuchs wird drei Monate ge- säugt und bleibt ein weiteres halbes Jahr mit der Mutter zusammen.

Verbreitungsgebiet

Der Name des Neunbinden-Gürteltieres leitet sich von seinem **Rückenpanzer** ab. Dessen Mittelteil besteht aus neun beweglichen Bändern, die durch Hautfalten miteinander verbunden sind

GEOlino EXTRA *(winkt):* Hallo, Gürteltier! *(Spricht laut und überdeutlich:)* Ich – du – Interview?

Gürteltier: ¡Hola, amigo! So begrüßt man sich hier bei mir zu Hause, in Südamerika. Du kannst ganz normal mit mir reden. Ich bin ja nicht bescheuert.

Ach so …

Was soll das denn heißen?!

Ehrlich gesagt … genau das denken viele über euch Gürteltiere. Schließlich habt ihr im Vergleich zum Körpergewicht eines der kleinsten Gehirne aller Säugetiere. Während der Evolution ist es sogar weiter geschrumpft.

Evo-was? Ich verstehe nicht ganz …

Evolution – so nennt man die Anpassungen, die alle Lebewesen über unzählige Generationen hinweg durchmachen. Die meisten sind im Laufe der Zeit immer schlauer geworden, ihr Gürteltiere hingegen …

Wir hatten das schlichtweg nicht nötig! Es muss wahnsinnig anstrengend sein, sich immer neue Jagdmethoden anzueignen, Konkurrenten zu überlisten, Werkzeuge zu bauen oder sich in der Familie zu verständigen. Den Stress spare ich mir. Ich bin Einzelgänger, verziehe mich bei Gefahr flott in meine Erdhöhle und bin meist im Dunkeln unterwegs – dafür muss man echt nicht der Hellste sein.

Verstehe. Man kann also auch mit weniger Grips klarkommen.

Genauso ist es. Vorausgesetzt, man ist perfekt an seine Umgebung angepasst.

Der Erfolg gibt euch Gürteltieren recht: Eure Ahnen lebten schon vor 60 Millionen Jahren auf der Erde: Ihr gehört damit zu den ältesten Säugetier-Arten der Welt.

Unser Überlebensmotto lautet: Warum kompliziert, wenn es auch einfach geht? Ich habe alles, was ich brauche. Wenn ich nachts unterwegs bin, grabe ich mit meinen Krallen nach Würmern und Insekten. Die kann ich selbst 20 Zentimeter unter der Erde erschnüffeln und mit meiner langen, klebrigen Zunge schnappen. Ich bin ein Gewohnheitstier. Ein Kopf voller Ideen – das wäre für mich eine Katastrophe.

Wie meinst du das?

Damit ein Gehirn funktioniert, muss Energie und Sauerstoff her. Je größer und komplizierter der Denkapparat ist, desto mehr davon braucht er. Dank meines Mini-Hirns kann ich sechs Minuten lang in der Erde nach Ameisen wühlen, ohne zu atmen. Ein Schlaukopf wie deiner würde das niemals ohne Schäden überstehen.

Beeindruckend. Allerdings habe ich auch gehört, dass euer schlichtes Gehirn euch manchmal Schwierigkeiten macht.

(Weicht mit dem Blick aus.) Dummdidumm, didumm …

Du willst nicht drüber sprechen, schon klar. Aber du weißt, worauf ich hinauswill?

Kein Plan.

Wenn ihr euch erschreckt, löst euer Gehirn immer den gleichen Reflex aus und lässt euch bis zu 80 Zentimeter in die Höhe springen.

Das ist ein wunderbarer Trick gegen Kojoten und Jaguare: Denen jagt unser Hopser so eine Angst ein, dass sie sich sofort aus dem Staub machen und uns in Ruhe lassen.

Genial, bloß: Ihr tut genau dasselbe, wenn ihr eine Straße überquert und euch vor einem heranbrausenden Auto erschreckt. Schlauer wäre es doch, weiterzulaufen und sich in Sicherheit zu bringen.

(Grübelt.)

Ist es nicht frustrierend, dass ihr euch bei Gefahr nichts anderes überlegen könnt?

Ganz ehrlich: Darüber habe ich mir noch nie Gedanken gemacht. ∎

Fotos: Shutterstock; Karte: Stefanie Peters

Auf 6 spannenden Reisen die Wunder der Welt entdecken

1 Jahr GEOLINO EXTRA für 49,80 € lesen oder verschenken und Wunsch-Prämie sichern!

- **6 x GEOLINO EXTRA portofrei nach Hause**
- **Danach jederzeit kündbar**
- **Jede Ausgabe zu einem spannenden Thema**

Gleich Prämie wählen und bestellen:

Anbieter des Abonnements ist Gruner + Jahr Deutschland GmbH. Belieferung, Betreuung und Abrechnung erfolgen durch DPV Deutscher Pressevertrieb GmbH als leistenden Unternehmer.

01

Amazon.de-Gutschein, Wert: 10,– €

· Gutschein für die nächste Online-Shopping-Tour
· Riesige Auswahl, täglich neue Angebote
· Spielzeug, Kinderbücher, DVDs u. v. m.

Ohne Zuzahlung

02

GEOLINO EXTRA-Heftpaket

· Zwei besonders beliebte Ausgaben: „Das alte Rom" und „Rätsel des Alltags"

Ohne Zuzahlung

03

GEOLINO-Sammelschuber

· Aus robustem Hartkarton
· Schützt und bringt Ordnung in die GEOLINO-Sammlung
· Für bis zu 14 Ausgaben

Zuzahlung: nur 1,– €

Prämie zur Wahl!

04

GEOLINO EXTRA-Hörbuchbox „Abenteuer Tierreich"

· Vier Sach-Hörspiele
· Die größten Geheimnisse der Tierwelt
· Gelesen von Wigald Boning

Zuzahlung: nur 1,– €

05

Buch „Checker Tobi – Der große Digital-Check"

· Checkerfragen zu Smartphone, Internet und Social Media
· Viele Fotos aus den TV-Sendungen und tolle Mitmach-Checks

Ohne Zuzahlung

06

LEGO Speed Champions „McLaren Elva"

· Rasanter Sportwagen voller authentischer Details
· Fahrer-Minifigur im Rennanzug
· Bausatz enthält insgesamt 263 Einzelteile

Zuzahlung: nur 1,– €

www.geolino.de/extra | +49 (0) 40 / 55 55 89 90

1. Zahlen merken

Der Test: Die Zahlen von 1 bis 9 werden kurz auf einem Bildschirm oder Blatt gezeigt (links). Tragt sie anschließend in aufsteigender Reihenfolge in eine Vorlage ein, auf der nur die Stellen der Zahlen markiert sind.

Können Affen das? Der Schimpanse Ayumu, der von japanischen Forschenden im Jahr 2007 getestet wurde, schaffte die Aufgabe meist spielend – auch wenn die Zahlen nur einen Sekundenbruchteil aufleuchteten! Schimpansen haben offenbar ein grandioses Kurzzeitgedächtnis.

Wie schneiden Menschen ab? Viel schlechter. Probiert es mit euren Eltern aus!

SCHIMPANSE

So clever können Affen sein

Seit Jahren untersuchen Forschende die **Intelligenz** von Affen – mit erstaunlichen Ergebnissen. Wie hätten wir bei den Tests wohl abgeschnitten? GEOlino-Redakteur Stefan wagt den Selbstversuch und stellt euch einige der Aufgaben zum Nachknobeln vor

Text: Stefan Greschik ⸺ Illustration: Thilo Klüppel

Bist du fertig?", fragt mich ein Kollege.** Ich nicke, aber ein bisschen nervös bin ich schon. Gleich werde ich einen Test machen, mit dem japanische Forschende im Jahr 2007 das Kurzzeitgedächtnis von Schimpansen überprüft haben.

Er geht so: Mein Kollege zeigt mir ein Blatt Papier mit Kästchen darauf. In bestimmten Kästchen sind die Zahlen von eins bis neun eingetragen. Nach zwei Sekunden wird er den Zettel wieder wegnehmen. Und ich werde versuchen, die Zahlen an den gleichen Stellen auf einem zweiten Blatt einzutragen. Aus dem Gedächtnis. Der Versuchsaffe in Japan hat die Aufgabe an einem Bildschirm perfekt gelöst – und sich alle Zahlen richtig gemerkt. Ich stehe also ziemlich unter Druck.

Los geht's! Meine Augen suchen auf dem Blatt hektisch nach den Ziffern: Da ist die Eins, die Zwei, die ... – und schon ist ▶

2. Die unerreichbare Erdnuss

Der Test: Eine Erdnuss liegt in einem schmalen, stehenden Rohr, das sich nicht bewegen lässt. Wie holt ihr sie heraus, wenn es im Raum nichts anders gibt als einen Wasserhahn?

Können Affen das? Ja, vor allem Orang-Utans: Sie nehmen einen Schluck Wasser aus dem Hahn, spucken ihn in die Röhre – und schon schwimmt der Leckerbissen ein Stück nach oben. Nach ein paar weiteren Spuckern können sie die Nuss greifen.

Wie schneiden Menschen ab? Die Leipziger Affenforscher und -forscherinnen, die sich den Test ausgedacht haben, stellten die Aufgabe auch Kindern. Für fast alle Vierjährigen war er zu schwer. Sechsjährige lösten ihn manchmal und Achtjährige in gut der Hälfte der Fälle – oft aber erst nach Minuten.

weicher Stock

harter Stock

3. Termiten angeln

Der Test: In einem Bau mit harter Wand krabbeln leckere Termiten. Wie lassen sie sich am besten mit Stöcken herausfischen?

Können Affen das? Und wie! Forschende haben Schimpansen über Jahre hinweg in der Demokratischen Republik Kongo und in Tansania beobachtet und dabei festgestellt, dass sie eine ganze Reihe von Angeltricks beherrschen. Oft verwendeten die Tiere mehrere Werkzeuge hintereinander: Manche bohrten erst mit einem harten Stock ein Loch in den Termitenhügel und steckten danach einen dünnen Zweig hinein, an dem die Insekten hängen blieben. Besonders schlaue Jäger kauten auf einem weichen Stock herum, bis er wie ein Pinsel aufgefasert war. An dieser Spezialangel, so zeigten Versuche, blieben rund 18-mal mehr Termiten hängen als an einem normalen Stöckchen!

Wie schneiden Menschen ab? Das wurde, soweit wir wissen, noch nicht untersucht. Aber dass alle auf den Pinseltrick kommen, darf man schon bezweifeln.

das Blatt wieder weg! Frustriert schreibe ich die Zahlen nieder und fühle mich schon ein bisschen doof. Ich habe zwei zu neun gegen einen Schimpansen verloren! „Mach dir nichts draus", tröstet mein Kollege. „Gegen das Kurzzeitgedächtnis von Schimpansen hat kaum ein Mensch eine Chance. Das haben die Fachleute mit Studierenden getestet."

War das eine Ausnahme? Oder sind Menschenaffen wie Schimpansen auch auf anderen Gebieten Genies? In den vergangenen Jahrzehnten haben Forschende die Fähigkeiten unserer Verwandten immer wieder untersucht. An der Georgia State University in den USA etwa hat eine Psychologin dem Bonobo Kanzi Englisch beigebracht. Mit der Zeit soll Kanzi 3000 Wörter verstanden haben. 500 konnte er angeblich selbst benutzen, indem er die Symbole dafür auf einem Bildschirm oder einer Tafel antippte (sprechen wie Menschen können Affen nicht). Das ist mehr, als je bei einer anderen Tierart nachgewiesen wurde.

„Auch bei technischen Aufgaben schneiden Menschenaffen oft gut ab", sagt Daniel Hanus. Der Forscher des Max-Planck-Instituts für evolutionäre Anthropologie in Leipzig hat Affen jahrelang knifflige Aufgaben gestellt. Bei einem Test mussten die Tiere eine Erdnuss aus einer schmalen Röhre herausbekommen. Als Hilfsmittel hatten sie nur einen Wasser-

4. Die Qual der Wahl

Der Test: Ihr steht vor zwei Automaten (siehe Bild) und dürft aus einem eine Portion Snacks herausholen. Ihr mögt Nüsse lieber als Möhrenscheiben. Für welchen Apparat entscheidet ihr euch?

Können Affen das? Einen ähnlichen Test haben Forschende mit Schimpansen in Uganda gemacht – und die wählten zuverlässig das Gefäß, in dem mehr Nüsse als Karotten waren. Die Tiere verstanden offenbar, dass die Wahrscheinlichkeit dort größer ist, ihr Lieblingsessen zu bekommen.

Wie schneiden Menschen ab? Im Wahrscheinlichkeiten-Abschätzen sind Menschen richtig gut, der Test ist deshalb für Schulkinder kein Problem. Forscher haben 2017 sogar gezeigt, dass bereits sechs Monate alte Babys wahrscheinliche und unwahrscheinliche Ereignisse auseinanderhalten können: Als sie in einem Film sahen, wie aus einem Behälter mit vielen blauen und wenigen gelben Bällen hauptsächlich gelbe herausfielen, verfolgten die Babys das mit besonderer Aufmerksamkeit.

hahn (seht dazu Versuch 2). Die Affen schafften das leicht – viele achtjährige Kinder nicht.

Offenbar sind die Tiere in der Lage, auch kompliziertere logische Probleme zu lösen. Sie können sogar mit Wahrscheinlichkeiten umgehen. Leipziger Forschende setzten sie vor zwei Gefäße, die einmal mehr fades und einmal mehr leckeres Essen enthielten – und die Affen wählten immer das Gefäß, in dem mehr Leckerbissen zu sehen waren und sie bessere Chancen darauf hatten (seht dazu Versuch 4).

In den meisten Tests schneiden Schimpansen übrigens am besten ab. Sie sind offenbar die Schlaumeier unter den Affen – außer bei Geduldsaufgaben. Da verlieren die verspielten Primaten schnell die Lust, wenn etwas nicht gleich gelingt. Die ruhigeren Orang-Utans hingegen knobeln die Lösung beharrlich aus. ▶

Gibt es auch Gebiete, in denen Affen richtig schlecht abschneiden? „Sie sind nicht so kooperativ wie Menschen", sagt Daniel Hanus. Das heißt: Schimpansen, Orang-Utans oder Gorillas arbeiten schlechter zusammen als wir, und sie sind weniger an ihren Artgenossen interessiert. Fairness etwa scheint ihnen nicht wichtig zu sein. Während Menschenkinder Freunden gern etwas von ihrem Essen abgeben, wenn die weniger haben, verputzen Schimpansen einfach ihre Nüsse allein. Ob andere schlechter wegkommen, ist ihnen meist egal.

Das gleiche Desinteresse weisen sie auf, wenn es darum geht, Erfahrungen zu teilen: Schon einjährige Menschenkinder zeigen ihren Eltern mit dem Finger, wenn sie etwas Spannendes sehen: „Schaut mal, ein Hund!" Affenkinder machen das nicht. Wobei ihre Eltern auch nicht besser sind: Sie zeigen ihrem Nachwuchs wohl nicht bewusst, wie Dinge funktionieren. Ob sich die Jungen überhaupt immer dafür interessieren, ist allerdings nicht sicher: „Affen sind viel schlechter im Nachäffen als Menschen", sagt Daniel Hanus. Wie man eine Nuss knackt, lernen Affenkinder sehr oft einfach, indem sie mit den Werkzeugen der Erwachsenen herumprobieren.

Auch wenn Affen also auf manchen Gebieten erstaunlich pfiffig sind, lernen sie doch weniger von anderen als Menschen. Ich fühle mich schon ein bisschen besser. ∎

5. Geteilte Freude

Der Test: Ihr sitzt zu zweit vor einem Automaten, der zufällig Leckerbissen ausspuckt. Einer bekommt drei Nüsse, der andere eine. Was macht ihr?

Können Affen das? Mit solchen Tests prüfen Forschende, ob Affen fair sind und die Nüsse teilen, sodass jeder gleich viele bekommt. Tun sie aber nicht! Im Normalfall verspeist jeder Affe einfach seine Nüsse. Für viele Fachleute ist deshalb klar: Affen kennen keine Fairness! Andere bestreiten das: Sie verweisen auf Tests, bei denen Kapuzineräffchen sauer wurden, als Forschende ihnen von zwei Happen den schlechteren gaben und einem anderen den besseren. Fühlten sich die Affen also doch unfair behandelt? Oder ärgerte sie nur, dass der Forschende unfreundlich war? So richtig klar wurde das nicht.

Wie schneiden Menschen ab? Sehr gut! Tests zeigen: Mit Freunden zu teilen ist für Menschenkinder überall auf der Welt normal.

GEO

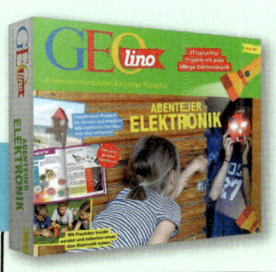

Familien schenken Geborgenheit, geben Halt –
und sie machen klug! Tatsächlich haben Tiere, die mit
Artgenossen zusammenleben, besonders leistungsfähige
Gehirne. Warum?
Das lest ihr hier

— Text: Dela Kienle

CLEVER IM

Foto: Shutterstock

chade, dass Tiere kein Familienalbum haben! Passende Fotos gäbe es jedenfalls genug: von Orang-Utan-Müttern, die ihr Baby wiegen, von raufenden Löwengeschwistern oder von fürsorglichen Erdmännchen-Tanten, die dem Nachwuchs beibringen, Grashüpfer zu fangen. All diese Familienschnappschüsse haben etwas gemein: Sie zeigen, dass nicht nur wir Menschen, sondern auch viele Tierarten ein vielfältiges Sozialleben führen. Manche Forschende sagen sogar: Das Leben in (Groß-)Familien hat einen wichtigen Teil dazu beigetragen, dass die Gehirne von manchen Tieren und uns Menschen leistungsfähig wurden. Es macht also schlau und intelligent, wenn Eltern, Geschwister, Großeltern, Tanten, Onkel und enge Freunde um einen herumwuseln. Aber wieso?

Seien wir ehrlich: Die meisten Tiereltern sind nicht besonders fürsorglich. Fast alle Insekten, Fische und Reptilien legen einfach ihre Eier ab – und machen ▶

CLAN

ELEFANTEN

Großes Herz und gutes Gedächtnis

Wenn jemand sich viel merkt, spricht man von einem „Elefantengedächtnis". Tatsächlich besitzen die Dickhäuter ein ungewöhnlich gutes **Erinnerungsvermögen**. Sie erkennen andere Elefanten wieder, auch wenn sie diese jahrelang nicht gesehen haben, und sie erinnern sich an Wasserlöcher in bis zu 50 Kilometer Entfernung. Doch das ist längst nicht alles: Elefanten lernen schneller als Schimpansen, sie sind geduldig, können zählen und zwischen verschiedenen Menschensprachen unterscheiden. Überhaupt gelten sie nicht nur als eine der schlauesten Tierarten, sondern als besonders sozial: Sie trösten sich, versorgen verletzte Herdenmitglieder, und vermutlich trauern sie sogar um verstorbene Artgenossen. Viele ihrer erstaunlichen Fähigkeiten haben Elefanten wohl in der **Großfamilie** entwickelt: Weibchen und jüngere Tiere leben in Gruppen zusammen. Angeführt werden sie von einer älteren Leitkuh.

RATTEN

Räuber mit großen Gefühlen

Wer Ratten loswerden will, hat ein Problem: Die Nager sind einfach zu clever! Sie bringen sich gegenseitig bei, wie man um Fallen herumtrippelt und tödliches Gift erkennt. Überhaupt haben sie mehr drauf, als viele Menschen ihnen zutrauen. Die bei uns verbreiteten Wanderratten beispielsweise leben häufig in **Familienclans** mit bis zu 150 Tieren. Manche dieser Gruppen entwickeln eine eigene „Kultur", etwa eine spezielle Methode, um Vogelnester auszurauben. Ungewöhnlich ist auch, dass stärkere Ratten beim Fressen Jüngeren oder **Schwächeren** den Vortritt lassen. Vermutlich können Ratten sich auch in ihre Artgenossen hineinversetzen: Selbst wenn sie dafür auf Leckerbissen verzichten mussten, vermieden sie in einem Experiment, anderen Ratten Schmerz zuzufügen.

sich aus dem Staub. Doch vor allem Vögel und Säugetiere kümmern sich um ihren Nachwuchs. Bis dieser selbstständig ist, dauert es oft nur wenige Monate. Trotzdem bleiben viele Jungtiere über Jahre, manche sogar ihr Leben lang in der Großfamilie.

Das hat viele Vorteile: Im Clan gibt es beispielsweise Helfer und Babysitter, sodass sich nicht nur ein einzelnes Tier um seinen Nachwuchs kümmern muss. Ältere Gruppenmitglieder bringen den Jungen bei, wo die besten Futterplätze liegen, wie man sich vor Feinden schützt – oder sogar, wie man Werkzeuge benutzt.

Ü berhaupt hat der Nachwuchs viel Zeit, um sich in Ruhe zu entwickeln, um vieles auszuprobieren und zu spielen! In der Großfamilie gibt es gleichaltrige Gefährten, mit denen die Jungen etwa die gemeinsame Jagd üben können. Nebenbei lernen sie auch, wie man sich gegenseitig austrickst und übers Ohr haut. Was all das mit Intelligenz zu ▶

TÜPFELHYÄNEN

Klüger als gedacht

Tüpfelhyänen haben den Ruf, besonders verschlagen und grausam zu sein. Dabei sind sie keine fiesen Biester – sondern soziale Wesen! Sie leben in Clans, die zwischen fünf und 130 Tiere umfassen. **Weibchen** geben den Ton an, und es gibt eine strenge Rangordnung. Aber die Tiere suchen sich untereinander auch Verbündete, ja, richtige Freunde. Beim gemeinsamen Jagen stimmen sich Hyänen-Gruppen so gut ab, dass sie selbst riesige Büffel zu Tode hetzen können. Um die **Beute** gegen Löwen zu verteidigen, schließen sich oft bis zu 60 erwachsene Tiere zusammen. Überhaupt spricht manches dafür, dass Hyänen schlauer sind als Löwen und andere Fleischfresser. Forschende haben zum Beispiel gezeigt, dass sie fremde Artgenossen zählen können. In Experimenten finden sie kreative Lösungen, um Leckerbissen zu ergattern – und glänzen vor allem, wenn sie sich als Team beweisen müssen.

Fotos: Shutterstock (l.), NPL/mauritius (r.)

tun hat? Ganz einfach: Wer in einer größeren Gruppe bestehen will, muss anspruchsvolle Fähigkeiten entwickeln. Er muss sich beispielsweise merken, mit welchen Artgenossen er zu tun hat, von wem er Gutes zu erwarten hat und von wem er sich besser fernhält. Außerdem muss er eine Art „Sprache" beherrschen, um sich mit seinen Verwandten auszutauschen: Mitglieder einer Großfamilie warnen sich häufig vor Gefahren, oder sie zeigen einander, wo es Futter gibt. Oft unterstützen sich die Tiere auch, wenn eines von ihnen Hilfe benötigt. Dass sie das überhaupt erkennen und sich in andere hineinversetzen können, zeigt, wie schlau sie sind.

O b Elefant, Delfin, Hyäne – oder Mensch: Wir alle haben der Erfindung der Familie also viel zu verdanken! Vielleicht solltet ihr genau daran denken, wenn euch eure Geschwister mal wieder nerven oder ihr keine Lust auf einen Kaffeeklatsch mit den Großeltern habt. ■

DELFINE

In der Clique unterwegs

Schon bei der Geburt eines Großen Tümmlers helfen Verwandte und Freunde eifrig mit. Kein Wunder, denn die Meeressäuger sind besonders gesellig, wie andere Delfinarten auch. In „Schulen" von zwei bis 15 Tieren zischen sie durch die Ozeane. Der **Nachwuchs** bleibt mindestens drei Jahre lang bei seiner Mutter. Danach hängen jugendliche Männchen lieber mit ihren Kumpels ab. Überhaupt formen Tümmler immer wieder neue Verbände. Doch selbst nach 20 Jahren erkennen sie alte Bekannte wieder – an deren „Namen", deren persönlichem Pfeifsignal. So etwas schaffen nur Sprachtalente mit exzellentem Gedächtnis! Kein Wunder also, dass Delfine als Schlauberger gelten. Manche von ihnen gebrauchen sogar **Werkzeuge**. Sie stülpen sich beispielsweise Schwämme über die Schnauzen, sodass sie sich beim Durchwühlen des Meeresbodens nicht verletzen – und zeigen den Trick ihrem Nachwuchs.

Fotos: Shutterstock (l.); imago (r.)

FLEDERMÄUSE

Rücksichtsvolle Netzwerker

Wo sollen wir uns übermorgen früh zum Schlafen treffen? In der Höhle am Bach oder lieber im hohlen Eichenstamm? Bechsteinfledermäuse leben – wie die meisten verwandten Arten – in geselligen Gruppen zusammen. Ja, mehr noch: Sie bilden über Jahre hinweg ein persönliches Netzwerk von Freunden und Verwandten, die beispielsweise **Tipps** über die besten Futtergebiete austauschen. Selbst wenn sie sich zeitweise voneinander trennen, „verabreden" sie sich wieder an einem der vielen Schlafplätze. All das gilt als beachtliche Hirnleistung. Erstaunlich ist auch, wie selbstlos sich ausgerechnet Vampirfledermäuse verhalten: Diese Arten saugen oder lecken Blut von Vögeln oder Säugetieren. Doch wenn ein Gefährte bei der **Jagd** leer ausgegangen ist, würgen sie einen Teil ihrer Beute wieder hoch – und füttern ihn! Offenbar wissen die Vampirfledermäuse, dass auch sie etwas abbekommen, wenn sie selbst einmal hungrig sind.

BÄUME LÖSEN NICHT DAS KLIMAPROBLEM.

Aber sie sind ein smarter Zeitjoker, damit die Energiewende gelingen kann.

Wir brauchen Bäume als CO_2-Speicher, die uns Zeit verschaffen, um aus den fossilen Energieträgern auszusteigen.

Mach mit und erfahre mehr unter:

Sind Intelligenztests

Wir Menschen zählen biologisch zu den Tieren – und zwar

können Intelligenztests zeigen. Immer häufiger werden sie auch

Wir nennen euch Argumente

DAFÜR

Tests können Probleme klären

Rätsel lösen, Zahlenreihen rückwärts aufsagen, Muster aus farbigen Würfeln nachbauen – auch wenn solche Aufgaben spaßig klingen: Man sollte Intelligenztests nicht aus Neugierde durchführen. Diese aufwendigen Untersuchungen von Sachverständigen sind für Kinder gedacht, die unter ernsten Schulproblemen leiden. Manche kommen beispielsweise so schlecht im Unterricht mit, dass man herausfinden möchte, ob sie geistig beeinträchtigt sind. Andere werden getestet, weil man bei ihnen eine Lese- und Rechtschreibschwäche vermutet. Die hat zwar in den meisten Fällen nichts mit Intelligenz zu tun. Aber man will ausschließen, dass ein Kind nur sehr mühsam Lesen und Schreiben lernt, weil es kaum etwas begreift.

Oft soll ein Intelligenztest aber auch abklären, ob jemand hochbegabt ist und damit zu den klügsten zwei Prozent der Bevölkerung gehört. Die meisten dieser Überflieger und Überfliegerinnen kommen zwar gut durch die Schulzeit. Doch etwa jeder zehnte Hochbegabte bleibt unter seinen oder ihren Möglichkeiten und verweigert beispielsweise aus Langeweile den Unterricht. In all diesen Fällen kann ein Intelligenztest Gewissheit bringen. Erst durch den Test erkennen Eltern und Lehrkräfte, dass ein Kind überdurchschnittlich oder unterdurchschnittlich schlau ist und Hilfe braucht. Besonders schwache Kinder bekommen dann etwa Förderstunden in der Schule, Hochbegabte kann man extra herausfordern. Denn ob jemandem das Lernen nun besonders leicht fällt oder nicht: Jeder verdient die Unterstützung, die genau zu ihm passt!

bei Kindern sinnvoll?

zu den intelligentesten überhaupt. Wie schlau wir wirklich sind,

mit Kindern durchgeführt. Aber ist das überhaupt sinnvoll?

dafür und dagegen

DAGEGEN

Tests sind Momentaufnahmen

Gerade bei Kindern sind solche Prüfungen problematisch. Vermeintliche „Tests" aus dem Internet sagen kaum etwas aus. Und selbst das Ergebnis von professionellen Untersuchungen ist bloß eine Momentaufnahme: Es zeigt, wie schlau jemand derzeit im Vergleich mit Gleichaltrigen ist. Doch ein paar Jahre später kann dasselbe Kind deutlich besser oder schlechter abschneiden.

Viele Fachleute meinen, Intelligenz sei in Teilen angeboren. Sicher ist jedoch: Unser Verstand ähnelt einer Blume, die bei guter Pflege aufblühen, aber ebenso verwelken kann. Wie sich ein Kind entwickelt, hängt also auch davon ab, ob Eltern ihm Aufmerksamkeit schenken, ihm häufig vorlesen und ob es auf eine gute Schule geht. Erst ab einem Alter von 14 oder 15 Jahren bleibt das Ergebnis eines Intelligenztests stabil.

Obwohl sich also noch vieles ändern kann, bekommt jedes getestete Kind eine Art Stempel verpasst: „Wow, du bist hochbegabt!", „Du bist ziemlicher Durchschnitt!" oder: „Von dir kann man wohl nicht viel erwarten!" Das kann Kinder unter Druck setzen oder an ihrem Selbstwertgefühl kratzen. Und womöglich haben Eltern und Lehrkräfte plötzlich viel höhere oder niedrigere Erwartungen.

Außerdem: Was besagt so ein Intelligenztest überhaupt? Er stellt fest, wie schnell jemand Probleme löst und Zusammenhänge durchschaut. Aber gehört zur Intelligenz nicht auch Kreativität, durch die jemand neue Ideen entwickelt? Und was ist mit emotionaler Intelligenz – also der Fähigkeit, sich beispielsweise in andere hineinzuversetzen? Auch Entschlossenheit und Selbstdisziplin sind wichtige Eigenschaften. Ob ein Mensch später erfolgreich wird, hängt sicherlich nicht nur von dem ab, was ein Intelligenztest ergibt.

Kolkraben
GEFIEDERTE GENIES

Jahrhundertelang wurden Kolkraben als **Unheilsbringer** gefürchtet und gnadenlos gejagt. Das hat sich zum Glück geändert. Denn über die klugen »Affen der Lüfte« haben Forschende mittlerweile Verblüffendes herausgefunden …

— Text: Dela Kienle

Guten Appetit! Raben fressen fast alles – auch Aas, Fleisch von toten Tieren. Die Leckerbissen stibitzen sie manchmal auch einem Artgenossen

Kloakloakloak!", gellt ein Ruf durch die Dämmerung. „Kloakloakloak!" Und schon zischen pechschwarze Schatten heran, mit breiten Schnäbeln und mächtigen Flügeln. Es sind junge Kolkraben, die dem Futterschrei eines Kollegen gefolgt sind und sich auf einer Kiefer am Waldrand niederlassen. Unter ihnen liegt ein toter Rehbock. Er ist ausgemergelt, Wind zerzaust sein Fell, und die Raben beäugen ihn zunächst misstrauisch. Doch schließlich gibt es kein Halten mehr: Sie stürzen sich auf ihre Beute, rupfen und krächzen und zerren. Immer wieder schwingt sich ein Rabe in die Luft und verschwindet, um einen Fleischbrocken zu verstecken – und seine Kollegen auszutricksen. Raben sind schließlich gerissene Halunken.

Gefürchtet und verehrt

„Affen der Lüfte" nennen sie Vogelforscherinnen und -forscher bewundernd, denn inzwischen steht fest: Kolkraben und andere Rabenvögel sind so schlau wie sonst nur Menschenaffen. Richtige Überflieger! Die meisten Menschen wissen das aber nicht und finden die großen, schwarzen Vögel eher beängstigend.

Vor gut 50 Jahren waren Kolkraben bei uns beinahe ausgerottet, weil man fälschlicherweise glaubte, dass sie Lämmer und Kälber auf den Weiden töten. Im Mittelalter fürchtete man sich vor den „Galgenvögeln" und glaubte, dass sie Hexen begleiten. Raben sind auch Teil vieler Geschichten und Mythen. In Großbritannien heißt es gar, dass das Königreich untergehen würde, wenn nicht mindestens sechs Raben im Tower lebten, einer Art Burg mitten in London. Also werden sie dort gepflegt und verhätschelt.

Die Raben am Waldrand hingegen müssen selbst für ihr Futter sorgen. Ein Männchen hat sich ein Stück Fleisch erkämpft. Jetzt schleift es die Beute hinter einen Felsbrocken – und guckt sich um. Keine Beobachter? Gut so! Blitzschnell hackt es ein Loch in den Boden und versenkt die Leckerei.

Was daran so ungewöhnlich ist? Dass der Rabe sich in seine Artgenossen hineinversetzen kann! Er tut betont arglos, falls ein Konkurrent am Versteck vorbeispaziert. Gleichzeitig merkt er sich genau, welcher Rabe ihn womöglich eben doch ▶

Wer bekommt was? Diese Raben fressen zusammen mit einem Wolf an einem toten Hirsch. Wer einen Brocken ergattert hat, bringt ihn schnell in Sicherheit

Fotos: picture alliance (l., r. u.); imago (r. o.)

STECKBRIEF:
KOLKRABEN

Lebensraum: Kolkraben, wissenschaftlich *Corvus corax*, leben weit verbreitet in Amerika, Europa, Asien und im Norden Afrikas. Sie gehören zur Familie der Rabenvögel, die etwa 120 sehr unterschiedliche Arten umfasst, unter anderem Dohlen, Häher, Elstern und Krähen.

Größe und Gewicht: Ein Kolkrabe wiegt bis zu 1,5 Kilogramm, wird 64 Zentimeter lang und hat eine Flügelspannweite von bis zu 130 Zentimetern, ähnlich wie ein Grundschulkind, das die Arme ausbreitet. Kein anderer Singvogel ist größer.

Nahrung: Raben schmeckt beinahe alles: Regenwürmer und Frösche, geklaute Äpfel und ergaunerte Vogeleier, Abfälle von uns Menschen und Aas.

Besonderheit: Wenn es etwa in Kanada oder den USA in der Nähe Wölfe gibt, leben Raben gern mit ihnen zusammen. Aus der Luft warnen sie die Wölfe, zeigen ihnen lohnende Beute an und schnappen sich dann ihren Teil des Fleisches. Raben allein können keine größeren Tiere erlegen.

● Verbreitungsgebiete

beim Verstecken beobachtet hat. Wehe, wenn der sich nähert!

Raben sind Meister im Tricksen und Täuschen. Manchmal legen sie sogar leere Scheinverstecke an um Artgenossen zu verwirren. Und sie beweisen wieder und wieder dass sie logisch denken können. Bei einem Experiment etwa baumelte ein Stück Wurst an einer Schnur, die wiederum an einer Sitzstange festgebunden war. Im freien Flug konnten die Raben die Wurst nicht erwischen. Die jungen und unerfahrenen Vögel probierten es trotzdem – und scheiterten. Die erwachsenen Raben jedoch sahen sich das Ganze zuerst nur an, überlegten und zogen dann Stück für Stück mit dem Fuß die Schnur nach oben. Aufgabe gelöst!

Eine schrecklich schlaue Familie

Auch andere Arten von Rabenvögeln sind ungewöhnlich schlau: Manche Buschhäher etwa legen 30 000 Futterverstecke im Jahr an

und finden die meisten davon wieder. Japanische Aaskrähen werfen Nüsse auf Zebrastreifen, wo sie sie von darüber rollenden Autoreifen knacken lassen, aber erst einsammeln, wenn die Fußgängerampel Grün zeigt. Geradschnabelkrähen in Neukaledonien basteln sich Werkzeuge, um so beispielsweise Insekten aus Ästen zu pulen.

Nun gut, könnte man sagen: Auch andere Tiere schaffen Erstaunliches! Spinnen etwa bauen komplizierte Netze, und Hunden kann man beibringen, Drogen zu erschnüffeln. Doch solche Leistungen beruhen auf angeborenem Verhalten – oder eben auf Lernen, auf Dressur. Nicht so bei den Rabenvögeln! Die scheinen in vielen Lebenslagen wirklich abzuwägen und dann das zu tun, was gerade am klügsten ist.

R aben haben im Vergleich zu den meisten anderen Vögeln ungewöhnlich hoch entwickelte Gehirne. Dass liegt wohl zum einen daran, dass Raben ▶

Beim **Intelligenztest** läuft es für Rabe Ilias wie am Schnürchen! Schnell hat er kapiert, wie er die leckere Wurst Stück für Stück nach oben ziehen kann

Raben pflegen **Freundschaften**, legen ihre Kumpels rein und machen gern gemeinsam Quatsch. All das zeigt, wie schlau sie sind

Ungleiches Gespann: **Wölfe** und Raben ziehen bisweilen gemeinsam umher, wie hier im US-amerikanischen Yellowstone-Nationalpark

besonders wandlungsfähig sein müssen: Die einen schnappen sich überfahrene Hasen von deutschen Autobahnen, andere jagen Eidechsen in der tunesischen Wüste, und in der Arktis luchsen Raben Eisbären Teile ihrer Beute ab. Mit einem ererbten Standard-Verhalten könnten die Vögel solche Aufgaben nicht meistern! Zum Zweiten leben junge Raben in Banden und sind auch dort auf ihren scharfen Verstand angewiesen: Wer ist mein Kumpel, wer will mein Futter klauen – und wen lege ich selbst am besten rein?

Kluger Unfug

Raben können sogar schauspielern. Wenn zwei von ihnen streiten, schreit der unterlegene Vogel übertrieben und mitleidheischend auf – aber nur, falls er Verwandte oder Freunde in der Nähe sieht, die ihm vielleicht zu Hilfe kommen könnten. Überhaupt haben die Tiere ein ungewöhnlich gutes Gedächtnis für

Beziehungen: Wenn sie sich einmal mit einem anderen Raben angefreundet haben, erkennen sie ihn wieder, auch wenn sie ihn mehrere Jahre lang nicht gesehen haben.

Wissenschaftlerinnen und Wissenschaftler kennen noch ein Zeichen für die Klugheit von Raben: Sie treiben gerne Schabernack. Schlichtere Tiere kämen niemals auf die Idee! Raben aber rodeln auf dem Bauch beschneite Hänge hinunter, reiten auf Wildschweinen oder klauen Scheibenwischer von Autos.

Auch die Truppe am Waldrand beginnt nach ihrem Festmahl übermütig zu spielen: Einige Raben drehen wilde Loopings in der Luft. Und als sich ein Hirsch aus dem Dickicht wagt, zischt ein Rabenweibchen herbei und zwickt ihn in den Hintern. All das tun die Raben einfach, weil es ihnen Spaß macht. Und weil sie schlau genug sind, um sich so einen Quatsch auszudenken. ■

Dieser Rabe reißt seinen Schnabel ganz schön weit auf! Er hat ein **Gänse-Ei** geklaut und fliegt damit davon

RABENELTERN

Besser als ihr Ruf

Wird jemand „Rabenvater" oder „Rabenmutter" genannt, heißt das nichts Gutes: Angeblich kümmern sich solche Eltern schlecht um ihre Kinder – genau wie Raben, so das Vorurteil. Und es stimmt: Rabenkinder im Nest betteln so laut und mitleiderregend um Futter, als würden sie gleich verhungern. Doch tatsächlich sind die Kleinen einfach nur gewiefte Schauspieler. Rabeneltern sind sogar besonders liebevoll: Sie fressen erst, wenn alle **Jungtiere** gefüttert sind, und kümmern sich noch bis zu drei Monate lang um ihren Nachwuchs, nachdem dieser das Nest verlassen hat. Anschließend ziehen die jungen Raben etwa vier Jahre lang in Banden umher. Dann suchen sie einer Partner, mit dem sie lebenslang zusammenbleiben, und werden selbst großartige „Rabeneltern".

Fotos: imago; picture alliance (l.); interfoto (r.)

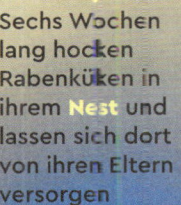

Sechs Wochen lang hocken Rabenküken in ihrem **Nest** und lassen sich dort von ihren Eltern versorgen

Extratour

Habt ihr schon alle Geschichten gelesen? Dann knackt ihr diese Knobeleien bestimmt. Wenn nicht: Viel **Spaß** beim Suchen! Die Lösungen verstecken sich nämlich im Heft

1. Wer ist schlau genug, um Jaguare zu verjagen, im Straßenverkehr aber zu sprunghaft?

2. Menschenaffen gehören zu den Genies unter den Tieren. Was können sie aber nicht?

A Schimpansen in Afrika benutzen mehrere Werkzeuge, um an Termiten zu gelangen: Erst bohren sie den Bau mit harten Stöcken auf, dann angeln sie die Insekten mit dünnen Zweigen heraus.

B Orang-Utans holen Erdnüsse aus schmalen Röhren, indem sie Wasser hineinspucken und die Nuss so nach oben schwimmen lassen. Darauf kommen viele Menschenkinder nicht.

C Nachdem sie Forschenden zugesehen hatten, bastelten Bonobos Papierflieger und ließen sie durch das Labor segeln. Einige entwickelten sogar neue Modelle.

D Bei Tests in Japan merkten sich Schimpansen in Sekundenbruchteilen die Positionen von neun Zahlen auf einem Bildschirm. An der Aufgabe scheitern die meisten Menschen.

3. Welche drei Schlaumeier haben wir hier zusammengesetzt?

4. Sechs Freunde sprechen über intelligente Tiere. Wie viele sagen die Wahrheit? Kombiniert ihre Antworten, um es herauszufinden.

> Wirbeltiere sind so klug, weil sie ein großes Kleinhirn besitzen, mit dem sie Entscheidungen treffen.

> Aber wirbellose Kraken sind auch ohne Kleinhirn clever!

> Nicht alle Tiere brauchen Grips: Kakerlaken krabbeln sogar ohne Kopf weiter.

> Auch Schwämme leben prima ohne Gehirn.

> Wenn Lucy lügt, lügt auch Bob.

> Genau zwei von euch irren sich!

 LUCY
 PAULA
 BOB
 LAURA
 JIM
 REINER

5. Wodurch wurde dieses Tier berühmt?

6. Auf wen treffen folgende Aussagen zu?

- macht gern Quatsch
- ist ein talentierter Schauspieler
- kann sich in seine Artgenossen hineinversetzen

Ⓐ Ⓑ Ⓒ

7. Wer passt nicht in die Reihe?

Star • Hyäne • Krake • Fledermaus

8. Was versteht man unter sozialer Intelligenz?

9. Welchen Beruf hat diese Frau?

AUFLÖSUNG

1. Das Gürteltier springt bei Gefahr in die Höhe – eine prima Taktik gegen Jaguare, aber nicht gegen Autos. (mehr dazu ab Seite 48)

2. C. Affen können vieles, aber dass sie Papierflieger bauen, hat noch niemand beobachtet.

3. Delfin, Pottwal und Kraken (lest die Geschichte ab Seite 52)

4. Vier, Lucy und Jim liegen falsch (schaut auf Seite 32, 38 und 20) (mehr dazu auf den Seiten 32, 20 und 26)

5. Gorilla-Dame Koko beherrschte über 1003 Begriffe in Gebärdensprache (lest unsere Geschichte über Tiersprachen ab Seite 38)

6. B. Das alles trifft auf den Raben zu (mehr dazu ab Se te 66)

7. Ein Krake lebt nicht mit Artgenossen zusammen (mehr dazu ab Se te 50)

8. Die Fähigkeit, gut mit Artgenossen auszukommen, etwa mit ihnen zu kommunizieren oder gemeinsam Junge aufzuziehen (mehr dazu im Steckbrief ab Seite 13)

9. Nicolle Müller trainiert in der Nähe von Berlin Tiere für ihren Einsatz bei Filmen (mehr dazu ab Seite 44)

Die DOPPEL-X-AGENTEN

Folge 22: Der Neue

Ein Junge im Rollstuhl, ein dickköpfiges Mädchen und eine Schildkröte mit Sprachfehler: Das sind die Doppel-X-Agenten. Sie lüften so manches Geheimnis – im Auftrag von Professor XX

Idee & Text: Björn Krause ⸺ Illustration: Manuel Kilger

AGENT SMART — **LUKE**
AGENT ROCKET — **JADA**
AGENT POWER — **MAYA**

Agent Smart hat sich hinter einer Tür im Agenten-Hauptquartier verschanzt

AGENTEN-TRAININGSRAUM

BITTE NICHT STÖREN

Kannst du was erkennen? Zu hören ist jedenfalls nischts.

Was treibt Luke denn da drin? Das geht jetzt schon seit Tagen so.

Du solltest echt mal über eine Diät nachdenken, Jada!

Was, isch?! Isch bin höschstens chwer in Ordnung!

Ist schon gut, Leute. Ich hätte euch den neuen Agenten ohnehin gleich vorgestellt.

74

Das ist wirklich eine Überraschung!

DEN NEUEN AGENTEN?

Nur für unsere nächste Mission. Wir haben nämlich den Auftrag bekommen, ins Fort Knacks einzubrechen. Weil wir das allein nicht schaffen können, habe ich Professor XX um Verstärkung gebeten.

Wir sollen in die Bank einsteigen, in der die größten Goldvorräte der Welt lagern? Das geht doch nicht mit rechten Dingen zu! Ich dachte, wir gehören zu den Guten ...

Darf ich vorstellen: Agent Clean.

Beim Anblick des neuen Kollegen sind Mayas Zweifel schnell vergessen

Und was soll ein Teddybär können, was wir allein nischt hinbekommen?

Die Antwort auf Jadas Frage gibt Luke während der Einsatzbesprechung

Das erkläre ich euch jetzt. Hier seht ihr ein Modell von Fort Knacks. Das Gebäude besitzt an jeder Ecke Wachtürme. Der angrenzende Wald wurde fast komplett gerodet. So können sich Angreifer nicht unbemerkt anschleichen. Nur auf der Nordseite gibt es noch ein paar Bäume, die unter Naturschutz stehen. Die ideale Deckung für einen Waschbären, oder?

Die Eingangstür ist ein echter Brocken: etwa 20 Tonnen schwer und aus Stahl. Die Zahlenkombination, die zum Öffnen nötig ist, weiß kein einzelner Mensch komplett; sie ist in verschiedene Sequenzen eingeteilt. Drei Personen müssen unabhängig voneinander einen Teil des Codes eingeben, um die Tür zu öffnen. Auch hier kommt Agent Clean ins Spiel …

Bäääh!

Er wird sich in der Nacht vom Wald her anschleichen und den Code ausspionieren, wenn er beim Schichtwechsel eingegeben wird. Das passiert immer exakt um 1 Uhr. Wir verlassen uns da ganz auf das hervorragende Gedächtnis von Agent Clean. Wie Forschende herausgefunden haben, können sich Waschbären ausgezeichnet Zahlen merken. Und sie erinnern sich bis zu drei Jahre lang an Lösungen von Aufgaben, die ihnen gestellt wurden.

Du bist aber weich …

Agent Clean wird uns die Zahlen im Anschluss auf unsere Uhren schicken. Dann lenkt er die Wachleute hinter den Kameras so lange ab, bis wir drei den Türcode eingegeben haben. Den Rest erkläre ich euch, wenn wir drinnen sind. Wir haben nicht mehr viel Zeit, die Mission wird heute Nacht erledigt.

Wenig später sind die Agenten am Einsatzort angekommen

Escht jetzt?

Zum Glück ist Agent Clean auch ein exzellenter Kletterer!

BEEP BEEP

Da ist es: das lang ersehnte Zeichen

Es geht los! Verausgabe dich nicht, Maya. Deine Ausdauer brauchen wir vielleicht noch.

Agent Clean kümmert sich um die Kamera. Jetzt muss es schnell gehen!

Den Sicherheitsleuten im Überwachungsraum präsentiert sich ein seltsames Bild

Wie niedlich! Guck mal, wer sich da aus seinem Wäldchen zu uns verlaufen hat.

Während Agent Clean die Wachleute ablenkt, erledigen die anderen ihren Job vor der Tür

Jetzt gilt es Leute.

BEEP

3, 4, ähm 7, 9, 6, 3, uff, 1, 8 …

Stopp! Nicht bewegen!

Hier sind Bewegungsmelder angebracht! Wenn wir auch nur einen dieser Lichtstrahlen unterbrechen, geht der Alarm los. Einer muss da durch und am Ende des Ganges das Alarmsystem deaktivieren.

Jetzt muss Agent Power nur noch das Alarmsystem deaktivieren

Der Weg zum Tresor ist frei

Hier braucht es etwas mehr Finger-fertigkeit – genau der richtige Job für das neue Mitglied im Team

Heute gibt es für Agent Rocket offenbar nichts zu tun. Zeit, sich etwas umzuschauen

In der Zwischenzeit hat Agent Clean seinen Job erledigt und den Tresor geknackt

Wow! Das ist ja der Wahnsinn!

Moment mal, wo ist eigentlich Jada?

Jada kann einfach nicht widerstehen ...

Ups!

Nur sehr kurze Zeit später

Wie konnte das denn bloß passieren?! Muss der feine Herr Bär wohl den Alarm ausgelöst haben!

Oh nein, das darf doch nicht wahr sein! Hätte ich nur auf mein Bauchgefühl gehört und den anderen die ganze Sache ausgeredet ...

Kurze Zeit später ist der Direktor von Fort Knacks zur Stelle und klärt alles auf

Glückwunsch, Agenten! Ihr habt es tatsächlich bis in unsere Schatzkammer geschafft und damit Sicherheitslücken in unserem System aufgedeckt. Die können wir jetzt beheben. Blöd nur, dass ihr hinterher an einem der Süßigkeitenautomaten einen Alarm ausgelöst habt ... Aber ich will mal nicht so sein. Wie mit Luke besprochen, bekommt ihr trotzdem als Belohnung einen Goldbarren – den einer von euch ja bereits eingesteckt hat, wie ich sehe.

Danke, Direktor! Das Gold können wir gut für unseren nächsten Auftrag gebrauchen. Und Jada, Maya: Ihr dachtet doch nicht, dass wir etwas Verbotenes tun, oder?

ENDE

Mehr zum THEMA

TOP-3 FILME

RUF DER WILDNIS

Eigentlich führt Buck ein ganz gewöhnliches Haushund-Leben. Doch dann wird er aus dem sonnigen Kalifornien in die kanadische Wildnis verschleppt – und vor einen Hundeschlitten gespannt. Als er auf den Goldsucher John trifft und ihn ans „Ende der Welt" begleitet, muss er sich vieler Gefahren erwehren... Der „Ruf der Wildnis"

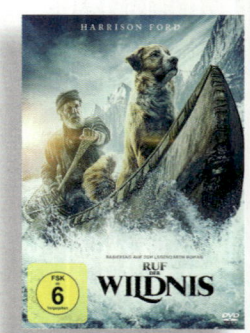

zeigt Hunde nicht nur als beste Freunde der Menschen, sondern auch als eigenständige, schlaue Tiere. Buck ist in dem Film lebensecht animiert und bellt sich in alle Herzen. Spannend, rührend, traurig – hier ist alles dabei. Und Buck? Der findet in der Wildnis sogar eine Partnerin: eine weiße Wölfin!

Ruf der Wildnis • Disney • 1 DVD • etwa 10 Euro

SING

Hier steht ein ganzer Zoo auf der Bühne! Bei „Sing" zeigen die – sehr vermenschlichten – Tiere ihre vielfältigen Talente. Sie treten bei einer Casting-Show auf, mit der ein Koala sein Theater vor dem Ruin retten möchte. Bei dem Trubel, den Hindernissen und Wendepunkten der Geschichte gibt es vor allem tierisch viel zu lachen!

Sing • Universal • 1 DVD • etwa 8 Euro

MEIN LEHRER, DER KRAKE

Dieser Film hat vor zwei Jahren für Aufsehen gesorgt: Ein Tierfilmer schließt Freundschaft mit einer Kraken-Dame, begleitet sie beim Jagen und Spielen und hält dabei tolle Bilder aus dem Leben der klugen Kopffüßer fest.

Mein Lehrer, der Krake • aktuell nur über den Streamingdienst Netflix

BUCH

Anders quasseln

DARUM GEHT'S: In diesem GEOlino EXTRA konntet ihr ab Seite 38 schon viel darüber lesen, wie sich unterschiedliche Tierarten miteinander verständigen. In dem Artikel kommt auch der Biologe Karsten Brensing zu Wort, der ein ganzes Buch über das Thema geschrieben hat. Darin erklärt er euch mehr über die Gesten, „Vokabeln" und sogar über die Dialekte der Tiere.

DARUM LOHNT ES SICH: Ein besonderes Augenmerk legt Karsten Brensing darauf, wie wir Menschen Tiere verstehen. Informativ und umfassend.

Karsten Brensing: Wie Tiere sprechen • Loewe • 192 Seiten • 16.95 Euro

SPIEL

Schnabel auf!

DARUM GEHT'S: Damit Tiere die menschliche Sprache nachahmen können, müssen sie ganz schön was auf dem Kasten haben. Auch ihr dürft euch bei „Plapparagei" keinen einzigen Moment der Unaufmerksamkeit leisten. Das Ziel ist einfach: Ihr müsst alle eure Handkarten vor den anderen ablegen. Dabei gilt es jedoch, bestimmte Begriffe zu vermeiden oder schnell kundzutun – egal ob als Krächzen, Plappern oder Piepsen …

DARUM LOHNT ES SICH: „Plapparagei" ist ein schnelles Spiel, bei dem sich alle mal verhaspeln. Das sorgt für Spaß, Spannung und manchmal mehr Lärm als in einer Vogel-Voliere.

Lena Burkhardt: Plapparagei • Drei Magier • 2–6 Personen • etwa 12 Euro

BUCH

Schlaue Stallbewohner

DARUM GEHT'S: Schweine haben nicht den allerbesten Ruf – zu Unrecht! Sie sind nämlich reinlich, verspielt und vor allem ziemlich clever. Das beweist das Bilderbuch „Schwein gehabt!". Dabei verschweigt es nicht, dass wir Menschen die schlauen Stallbewohner trotzdem zu Wurst und Hack verarbeiten …

DARUM LOHNT ES SICH: Nach der Lektüre der Texte und Bilder wisst ihr so ziemlich alles über Schweine. Und ihr werdet nie wieder schlecht über sie sprechen!

Daisy Bird und Camilla Pintonato: Schwein gehabt! • Kleine Gestalten • 72 Seiten • 19,90 Euro

BUCH

Sieh mal einer an!

DARUM GEHT'S: Okay, das ist nun ein bisschen gemogelt. Tiere denken sich nicht wie Daniel Düsentrieb lauter verrückte Maschinen aus – so schlau sind sie dann doch nicht. Aber „Tierisch gute Erfindungen" zeigt euch, mit welchen großartigen Körperfunktionen oder Fähigkeiten die Evolution manche von ihnen ausgestattet hat. Mit dabei: Spinnen, Geckos, Eisbären und Libellen.

DARUM LOHNT ES SICH: Die Tierwelt überrascht immer wieder, wie das Buch in einer ansprechenden Aufmachung zeigt.

Christiane Dorion und Gosia Herba: Tierisch gute Erfindungen • Knesebeck • 80 Seiten • 16 Euro

VORSCHAU

Das nächste Heft erscheint am 18. Mai 2022

Hingucker

Winzigkeiten wie die **Facettenaugen** einer Fliege können wir nur erkennen, wenn wir sie stark vergrößern. Wir zeigen, wie sie funktionieren

UNSICHTBARE WELTEN

Pro Sekunde nehmen unsere Augen mehr als zehn Millionen Informationen auf und unterscheiden 2,3 Millionen **Farbtöne**. Trotzdem bleibt vieles für uns unsichtbar – etwa weil es zu klein, zu weit weg oder verborgen ist. Im nächsten GEOlino EXTRA wollen wir mit euch all dieses Unsichtbare entdecken: Kommt mit ins Reich der **Fantasie**. Erfahrt, wie blinde Menschen ihren Alltag bewältigen oder wie Forschende mit Tarnkappen Gegenstände verschwinden lassen wollen. Und unser Werkstatt-Team zeigt euch, wie ihr Kleines, nahezu Unsichtbares mit eurem **Smartphone** groß rausbringt.

Auch mit DVD erhältlich!

mit Poster

Nur für Adleraugen: Auf unserem Poster haben sich tierische Meister der **Tarnung** versteckt. Werdet ihr sie entdecken?